# コワいほどお金が集まる心理学



神岡真司

青春新書
PLAYBOOKS

# はじめに――一代で「お金持ち」になるための「心理の秘策」をお伝えします！

お金持ちでない人で、「お金持ちになりたい」と思ったことが一度もない人はいないでしょう。

では、「お金持ちになりたい」と望んだことがあるのに、なぜ、今もなお、お金持ちになれていないのでしょうか。

望んでもなれない――これは、人生における大きな課題です。

お金持ちになることを真剣に考えてこなかったからでしょうか。

**実は、あなたの潜在意識が「そう簡単にお金持ちにはなれないな」と思っているために、そうなることを不可能にしているのかもしれません。**

つまり、**あなたをお金持ちにさせないでいるのは、あなた自身なのです。**

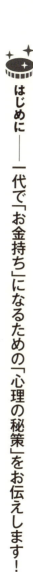

詳しくは本編に譲りますが、心理学でいう「エミール・クーエの法則」がはたらくと、そうなります。

無意識の力――これがあなたの人生を方向づけるからです。

**本書は、あなたの潜在意識に、誰でもお金持ちになれることをお伝えします。**

お金持ちになるのに出生や学歴、ＩＱはまったく関係ありません。

お金持ちになる習慣と、モチベーションを心理学の見地から育めばよいだけです。

本書では、さまざまなタイプのお金持ちの心を分析し、あなたにも有益な、新しい「気づき」を得ていただけるように構成しました。

ひたすらお金持ちになりたいと願うだけでは、お金持ちにはなれません。

「チャンスを得られるかどうか」が、重要なカギになっているからです。

一代でお金持ちになるための方法やキッカケ、経緯はなった人にしか、わからないものです。

しかし、一代でお金持ちになった人には、なるべくしてなった人が大勢います。ちょっとしたクセや心理的習慣が、自然にお金を集めるべく貢献し、チャンスをつかめたことで、お金持ちになれたという人が圧倒的に多いからです。


一代でお金持ちになった人は、お金持ちになるまでの年数もさまざまです。社会に出て、わずか10年にも満たない20代で、早々とお金持ちの仲間入りをした人もいれば、定年後の老年になってからやっとお金持ちになった人もいます。

もちろん、一生お金に縁がない人と比べれば、歳を取ってからでもお金持ちになれることはハッピーなことというべきでしょう。

ただし、できれば、「少しでも若いうちにお金持ちになりたい」というのが人情です。そのほうが人生を楽しめ、可能性も大きく広がるからです。

著者の周囲には、一代で早々とお金持ちになった人が大勢います。

著者は、そうした人たちとのおつき合いの中で、心理学的見地から彼らの行動習慣を注意深く観察し続けてきました。

**お金に好かれる習慣――。**
**お金が増える思考法――。**
**お金が生まれる時間術――。**
**お金が近づいてくるコミュニケーション法――。**
**お金が自然に集まるスペックの数々――。**

**心理学に基づいた、ちょっとの「気づき」と「コツ」さえあれば、誰でもお金持ちになれるのです。あなたの潜在意識が、自然にあなたをお金持ちに近づけてくれます。**

あなたが一日も早くお金持ちになるのを心から願っています。

著者

『コワいほどお金が集まる心理学』 目次

## 第2章 お金が生まれる「時間」とのつき合い方

## 第3章　お金が近づいてくる「コミュニケーション術」

## 第4章　お金に好かれる「習慣」

## 第5章　お金が自然に集まる「口癖」「持ち物」の秘密

# 第1章

# お金持ちに共通する「考え方」

# お金持ちは「他人のよい習慣」を利用できる

人は概《おおむ》ね、ポジティブ思考とネガティブ思考の2つのタイプに分かれます。

逆境にあえいでいても「何とかなるはず」「自分ならできる！」と、前向きにとらえ、創意工夫を凝らすタイプもあれば、「もうダメだ」「どうせまた失敗する」とすぐにあきらめてしまい、その場から逃げ出すタイプもいます。

**もちろん、お金持ちは前者のポジティブタイプが圧倒的です。**

ポジティブ思考の人は、問題に直面しても、「面白い！」と感じ、ゲーム感覚で打開のヒントを探ります。自分を客観視してイケルと信じるのです。

問題にぶつかった時、「自分なら何とかなりそうだ」と前向きに考えることを「効力予期」といいます。カナダの心理学者アルバート・バンデューラは、この感覚を「自己効力感」と名づける一方で、**チャンスをモノにできる人には、この感覚がより強くはたらくと説明しました。**「自己効力感」は、日常生活の中で高めることができます。具体的には、次の５つの方法が提示されています。

**※達成体験……過去にうまくいった「自分の達成体験」をよく思い出すこと。**
**※代理体験……他の人がうまく成功した方法をよく観察して学ぶこと。**
**※言語的説得……論理的な言葉で、成功・達成の過程をよく認識すること。**
**※生理的情緒的高揚……成功者の伝記や熱血ドラマなどに十分感化されること。**
**※想像体験……自分の頭の中で「成功の過程」をシミュレーションすること。**

## ❖「何とかなるさ」と思うだけで大金が舞い込んでくる！

**「自己効力感」を高める「代理体験」や「生理的情緒的高揚」は、他人の成功体験を聞くことが手っ取り早いでしょう。**実際お金持ちは、他人の成功体験を聞くのが大好きです。自分とは境遇や才能、個性が異なる人がどうやって大金を手にし成功できたのか、大いに興味があるからです。成功ストーリーは、たいてい波乱万丈です。一代でお金持ちになった人の多くが、その途中で大小の辛酸をなめています。大きなマイナスからの逆転であるほど、その衝撃は聞く人の心を揺さぶります。

**お金持ちになれる人は、他人の成功談が大好きなので、その熱意が相手にもストレートに伝わり、「ここだけの話だけど」といった秘密さえつい話させてしまうでしょう。こうして、自己効力感を高めるだけでなく、話し手との個人的な信頼関係も築いてしまうのです。これを「自己開示」による親密化と呼びます。**

ところで、誤解してはいけないのは、「自己効力感」は実際に仕事ができるかどうかとはまったく関係がないことです。「根拠なき自信」という言葉がありますが、それで大いに結構なのです。事実や実績とは関係ないのです。ようは、どれだけポジティブに思い込めるかどうかということがポイントです。冒頭でお伝えした通り、「何とかなるさ」「自分ならできる」と勝手に思い込めるポジティブ思考がカギを握

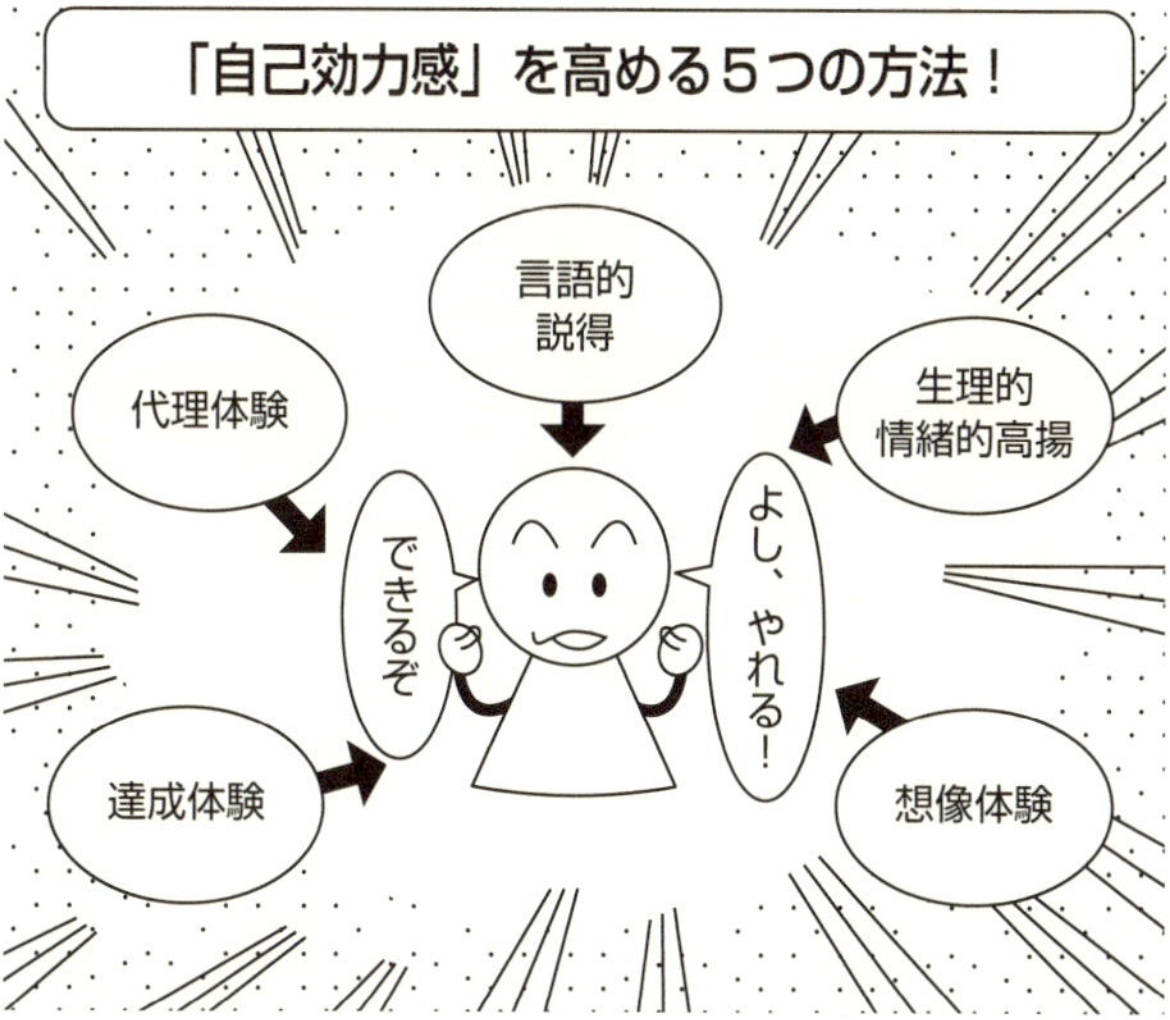


っているだけです。**この際、何事にも「自分はできる」と、思い込む習慣を持つことです。**

**「やればできる」と思えば、知恵も勇気も湧いてきます。**成功も転がり込んでくるのです。「自己効力感」が低くて成功できない人の特徴は、何の根拠も裏づけもないのに一方的に不安を抱えてしまうことなのです。

世の中には、あなたより、はるかに能力が劣る人でも、一代でお金持ちになった人は大勢います。他人の成功談を聞き、自己効力感を高めていきましょう。

# お金持ちは「売る側」として考える

お金持ちは、安いモノは必ずしもお得だとは考えていません。これが消費行動に関わる彼らの基本的なスタンスです。「安物買いの銭失い」というように、「安いモノ＝不要品」という負のイメージを持っている人も多くいるのです。

また、安いモノでなくても、モノに対して簡単にお金を使いません。

自分が気に入ったモノに、ちょっとだけサイフの紐《ひも》を緩める程度なのです。

なぜなら、**お金持ちは売る側の販売戦略にも通じているからです。** 仲間うちには小売店を経営するオーナーもいるので、手の内はすでに熟知しているのです。商品やサービスなど業態にもよりますが、メーカー側の原価30％、付加価値30％、小売り側が……などと、考えるクセがあると、価値が低いモノにお金を投ずる虚しささえ覚えるからなのです。

たとえば、激安量販店の「圧縮陳列」や、百均の「マージンミックス戦略（百円を超える仕入れ商品も混在）」に惹きつけられる消費者は多いですが、**お金持ちは、商品が雑然と積み上げられた迷路のような売り場に入ったところで「宝探し感覚」にもならなければ、百均での「お得商品探し」に夢中になることもないわけです。**

モノを売る「心理手法」を熟知していればこそ、かえって白《しら》けるだけだからです。

もちろん、ダイレクトメールは封を切りません。バーゲンセール自体に興味がないうえ、開封する時間さえ無駄と思っているからです。

## ❖お金持ちこそ、「衝動買い」をしない

「お金持ちの衝動買いはどんな時ですか？」と聞かれることがありますが、そもそも衝動的にモノを欲しがりません。

高価なモノの衝動買いをしてしまい、カードの分割払いや、リボルビングの限度

額を膨らませ、あとから慌てる人には、お金持ちでない人のほうが多いのです。

**経済的に充足しているお金持ちは、モノによる幸福感は長続きしないことをよく知っています。**たとえ、宝くじで1億円当たっても、嬉しいのはせいぜい3か月だといわれているのをご存知でしょうか。人は幸福な状態に置かれても、その生活に慣れてしまうと、幸福感が時間とともにどんどん薄れてしまうのです。心理学では、**「ヘドニック・トレッドミル現象」**と呼ばれ、よく知られるところです。

また、次々と新しいモノが欲しくなり、際限なく買ってしまう人がいますが、こうした人は所有欲を刺激されただけで脳内にドーパミンが分泌されて快感状態になります。ゆえに、「買わない」という選択ができなくなるのです。

**ちなみに、衝動買いは「気分一致効果」の影響によって判断力を変えられるために起こるともいえます。**人間はポカポカ陽気の日には能動的になりますが、反対に氷雨《ひさめ》が降るような寒い朝には気分も滅入ってネガティブになります。

つまり、よい気分になってポジティブになっている時の心理的な連鎖が衝動買い

**お金持ちはこんな〝心理〟を熟知している！**

宝クジで１億円当たっても幸福感に浸れるのはせいぜい３か月程度！……ヘドニック・トレッドミル現象

次々と新しいモノを買いたくなるのは脳内ドーパミンのせい！……買い物依存

気分がよくなり高揚するほど衝動買いしてしまう！……気分一致効果

を引き起こすのです。

「あ、前からこれ買いたかったんだ」とか「ボーナスが出たから」などと、買い物による興奮状態にハマったが最後、買うたびにどんどん気分がよくなり、あれもこれもと手当たりしだいに買いまくるわけです。

あとで冷静になってみたら、請求書と商品の山だったというのが、衝動買いの顛末《てんまつ》です。

**お金持ちのように、まずは「モノの価値を正しく判断すること」と「使うお金に厳しくなること」を習慣にすると、お金を確実に増やす道が開かれます。**

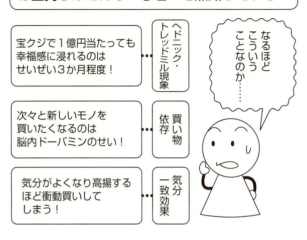

# お金持ちは「いつか○○したい」と考えない

著者には、年間で２０００万円超を稼いでいる外資系金融機関に勤めている知人がいます。都心の一等地にそびえ立つ億ションをローンを組んで購入し、自家用車はベンツ、２人の子供は私立中学に通わせ、将来は米国留学も視野に入れているそうです。

でもなぜか、貯蓄はゼロです。当然のことながら家計は火の車で、奥さんは近所のスーパーマーケットでパート勤めをして家計の赤字分を補っています。これでは本末転倒も甚《はなは》だしいですし、いつ破綻するやもしれません。

彼と家計の話をすると、「これだけ稼いでいるのだから、そのうち貯める」「いつか貯金するから大丈夫」と、「そのうち」「いつか」という言葉がよく出てきます。

その知人に限らず、**「そのうち貯めよう」とか「いつかお金持ちになりたい」と言う人は多いのですが、実はこんな自己宣言は、潜在意識の中に「今が貧乏」という暗示メッセージを刷り込むだけで、何のメリットもありません。**

おそらく、いつまでたってもお金持ちにはなれないはずです。

そんなメッセージは今すぐやめて、**「お金がどんどん増えていく」と進行形でイメージして、自己認識を変えていくほうが重要です。**お金持ちになった人は、「お金がどんどん増えていく」「資産がみるみる大きくなる」といった肯定的な自己宣言で、潜在意識の中に成長する自己認識を刷り込んできたからです。

現在進行形の自己認識のイメージが、具体的な行動の呼び水になるのです。

## ❖現在進行形で考えれば、お金持ち体質に変わる

お金持ちは、ただ漫然と「お金がどんどん増えていく」「資産が大きくなる」といった呪文を唱えて自己認識をしてきたわけではありません。お金や資産は、その

まま放置すれば思わぬ毀損《きそん》に遭《あ》うことも少なくないと自覚しています。**常に貯蓄や投資の方法について研究し、それまでに得たお金を守り、増やそうとしています。そのためには、「自分が変化する」ことをも躊躇《ちゅうちょ》しないのです。**

今よりもっとよい投資法はないか、新しい事業ネタはないか、海外に進出を考えよう……などと、お金がらみの変化だけでなく、プライベートでも、奥さんと世界一周の豪華客船旅行に出かけよう、沖縄に1年間引っ越してみよう……など、あらゆる変化を試みるのです。変化対応の「刺激」が、新しい発想につながるからです。

当然ですが、これは、お金を稼げない人の思考にはありません。

そのような人は、おしなべて「安定」を求めるからです。

安定志向といえば格好もよいのですが、心の奥底では「お金持ちになりたい」と思っている割に、いざとなると行動することには尻込みしてしまうのです。

そこそこ生活が成り立っているのに、何もそこまで無理をしなくても――と守勢に回るわけです。新たな挑戦をすることでリスクを負いたくないのです。

お金持ちは「現在進行・変化対応」タイプ！

〈お金持ちの人＝進化形〉　〈お金持ちでない人＝保守的〉

そういう意味で、お金がない人の視野は狭くなりがちで、刹那的《せつなてき》かつ短絡的です。今日、明日は、来週はどうする――などと、目先のことしか見えていないのです。

反対に、お金持ちは長期的なビジョンで物事を見て、考えて判断します。

日常的なお金にはこと欠きませんから、数年後のビジョンを見据えて、億単位のプランニングに頭を使います。「いつかお金持ちになりたい」と考えるのではなく、現在、「お金がどんどん増えていく、これをどう生かすか」と考えることで、長期的視点でお金持ちになるフレームが描けているわけです。

# お金持ちは「好きなこと」をないがしろにしない

人には、「外向型」と「内向型」の2つのタイプがあることが知られています。**外部の人との交流がエネルギー源になるのが外向型で、自分の内面を充実させることがエネルギー源となるのが内向型です。**一般に外向型には多弁で陽気なタイプが多いとされ、内向型は内気で口下手、大人しいタイプが多いとされています。

著者がこれまで会ってきたお金持ちには、外向型に見えても実は内向型という人が多くいました。**実は、内向型の人の習性こそがお金持ちには欠かせないのです。**

もともとこの2タイプを見出したのは、心理学者のユングですが、この2タイプが遺伝的な気質によって形成されることを突き止めたのは、発達心理学者のジェローム・ケーガンでした。

ケーガンは生後４か月の赤ちゃんが、将来、外向型に育つか、内向型に育つかの違いを有していることに気づいたのです。外界の刺激に敏感に反応する赤ちゃんは成長してから内向型になり、刺激に敏感でなかった赤ちゃんは、成長すると外向型になる――ということを、数十年にわたる長期的観察から発見したのです。

この考えに基づくと、内向型か、外向型かという気質には遺伝的な要素が強く、あとから容易には変えられないことがわかります。そのため、内気で内向型の人が、無理をして陽気な外向型の人を真似たところで、うまくいかないのです。

外向型は、孤独な環境に置かれるとしだいに元気がなくなり、一方の内向型は、人が大勢いる環境に置かれていると、だんだん元気をなくします。

エネルギーの供給源が、外部にあるか、内部にあるかの違いがこうした差を生みます。かつては、内向型の人は２～３割しかいないと思われていたのですが、最近の研究によれば、人口のほぼ半数は該当することが判明しています。

**今まで「自分は口下手で内向型だからお金を稼ぐことができない」とボヤいてい**

た人は考え方を改めてください。実は内向型の人のほうがお金持ちになりやすいのです。なぜなら内向型の気質こそが、お金と縁が深いからです。

## ❖内向型に秘められた恐るべきパワー

お金持ちになった人の多くが、「外発的動機」よりも「内発的動機」に動かされてきています。私たちが何かに挑戦したり、何かを行う時には必ず「動機」があります。動機には、外部からの賞賛や評価、報酬を得たい欲求（外発的動機）と、自分の好きなことや興味のあることを追求したい欲求（内発的動機）の2つがあります。前者は外向的な人に多く、後者は内向的な人に多いとされています。内向的な人は、内面を充実させることがエネルギー源となるので、自分の心に正直に、自分の好きなことをどう実現するかを突きつめます。これが、お金持ちになるうえでこのうえない力を発揮するのです。

だからこそ、外向型の人も内向型の人のように自分は何が一番好きなのか、何に

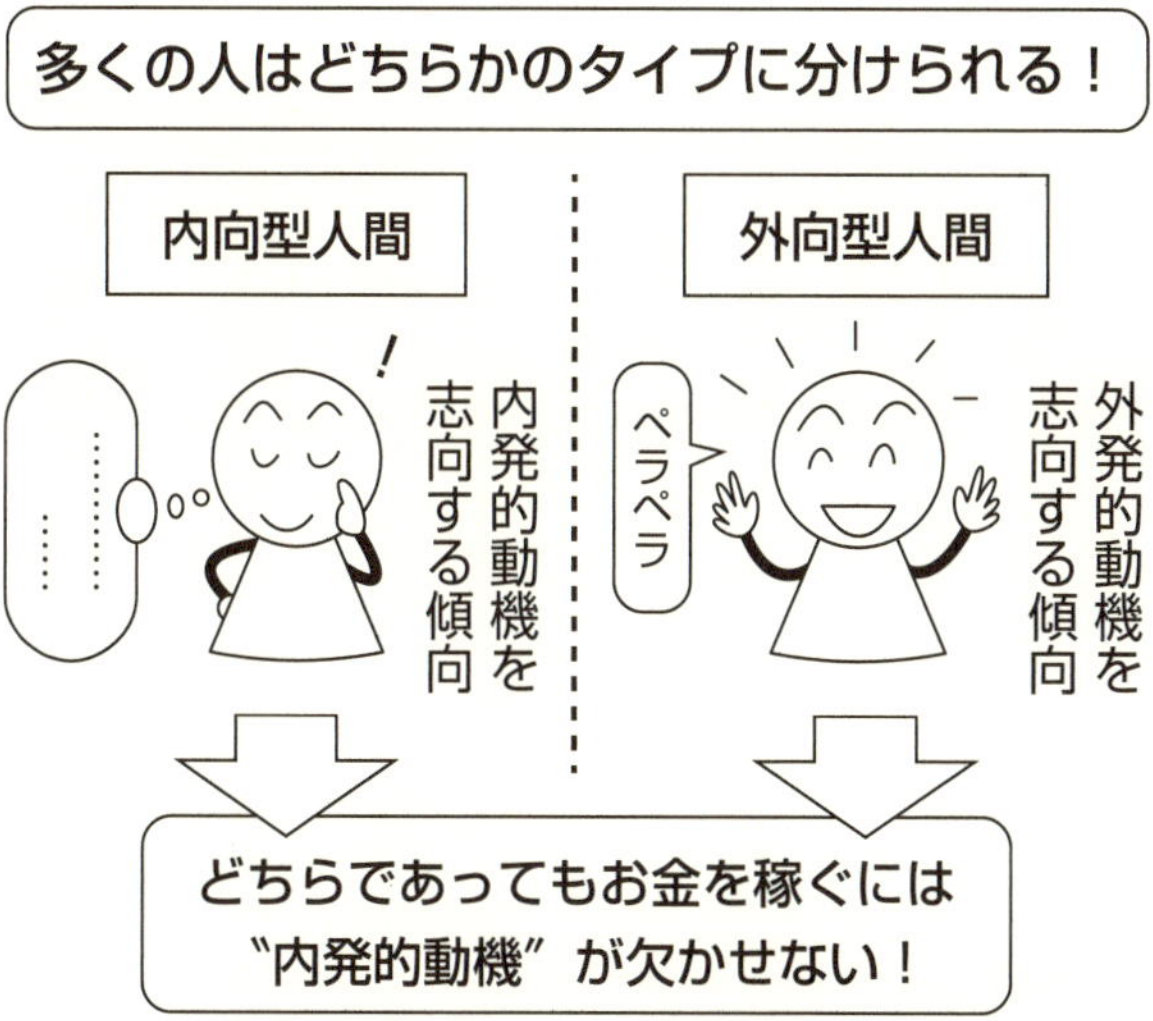


興味があるのかと自身の内面を探り、内発的動機を刺激することが大事なのです。

「好きなこと」を大切にすることは、内向型の人だけでなく、外向型の人にとっても重要です。自分のこれまでの歩みを振り返り、外部評価だけを気にして、本当に自分が好きなことをないがしろにしてこなかったかを見つめるべきでしょう。

一代でお金持ちになった人は、自分が本当に好きなもの、興味があるものを突きつめてきたといえます。「好きこそものの上手なれ」を追及することです。

# お金持ちは「妻からの小遣い」を受け取らない

勤め人の家庭では、夫が妻にお金の管理をすべて任せているケースが多いものです。夫はそこから1か月分の小遣いとして3万円とか、5万円とかのお金を渡され、それで毎月やりくりしています。

お金持ちの人たちは、こうしたやり方はよくない――と口を揃えて言います。「小遣い制」がよくないというのではなく、自分が稼いだお金を全額妻に渡し、しかもお金の管理までも委ねてしまうところが問題だと言うのです。

この手の夫の多くは、「稼いだお金は妻に渡さなくてはならない」「妻はお金の管理と子供の面倒を見て、自分は仕事に専念するべきだ」という「強迫観念」に呪縛《じゅばく》されているかのようです。

しかし、これは他人の価値観や経験に影響された単なる「思い込み」にすぎません。このネガティブなイメージや固定観念を改めない限り、定年はおろか、死ぬまで「小遣い制」を妻に敷かれることになるでしょう。

もしも、「お金のことでもめたくない」とか「お金のことで妻に心配をかけたくない」と考えているならば、自分の稼いだお金は自分で管理し、妻が専業主婦なら1か月分の食費や雑費だけを渡すようにすべきなのです。**自分の稼いだお金を、自分で管理できない人に、一生お金を増やすことなどできないからです。**

## ❖お金に使われる立場から、お金をコントロールする立場へ

お金持ちは自分で、「自分の1か月分の小遣い」を決めています。

30万円ぐらいしか使わない人もいれば、どうしても100万円必要だという人もいるでしょう。これで、昼食代や通信費、交際費、交通費などを賄《まかな》うわけです。

ちなみに、あるお金持ちの自営業者は、多くの出費を自社の経費として法人カー

ドで落とすために、現金はほとんど持たないそうです。

こういう人は、外食も高級店に行くとかなりの出費になりますから、その時は「あの店には月3回まで」と自分の中で制限し、接待交際費として管理しています。

ここまでお伝えすれば、明らかですが、自分の小遣いを自分で決めるということはお金に対して自立することで、自分の裁量でお金を自由にコントロールすることになります。人（妻）任せにしていたのでは、お金に一生使われる立場です。

**自分でお金を管理して使っていくと、「お金に対する意識」が変わります。**

「収入があといくら増えたら○○ができる」「よりグレードの高いサービスが受けられる」と考えられるようになれば、必然的にお金にも貪欲《どんよく》になれるのです。

欲望の心理には、「金銭欲」「色欲」「名誉欲」などがありますが、お金持ちはこれらのどの欲に対してもかなり〝貪欲〟です。色欲や名誉欲については別の機会に譲るとして、こと金銭欲に関しては、小遣いをもらう立場にある限り、本当の意欲や願望は湧いてきません。毎月数万円の定額制では、突き抜けた金銭欲など芽生え

「お小遣い制」からの脱却で「お金持ち体質」へ！
マネーリテラシーが確立できる
今月から、オレの稼いだ金は、オレが管理する！いいな！
キッパリ……
（夫）
エッ？
ヘソクリできなくなっちゃうわ……
（妻）

ようがないのは自明の理だからです。

**自分の稼いだ大事なお金は自分の責任で管理するという姿勢が、本当の意味でのマネーリテラシー（お金を管理し、増やすための知識）を養うのです。**

自分の大事なお金と思うからこそ、投資にのり出す時にも真剣に研究し、お金を増やそうという努力につながるのです。結果を出すことに尽力できるわけです。

今がお小遣い制ならば、まずはそれをやめることから始めるべきでしょう。

**自分のお金は自分で管理するからこそ、お金持ちへの第一歩が踏み出せるのです。**

## お金持ちには、実は「ミニマリスト」が多い

断捨離ブームやシンプルライフ・ブームに続き、ミニマリストのブームが静かに浸透中です。ミニマリストとは、身の回りのモノを必要最小限に絞って暮らすミニマム・ライフの実践者のことをいいます。

ミニマリストに批判的な人は、欲しいモノが買えないから、あるいはヒステリックになってあえて「モノなし」を主張している、身の回りのモノをみんな捨てることでミニマリストを気取っているだけ――などと揶揄《やゆ》する向きもあります。

しかし**実際のところは、お金持ちにこそミニマリスト志向やシンプルライフの人が多いのです。**かつて貧乏だった頃に実践しはじめ、徐々にお金持ちになるにしたがってミニマリスト志向になる人も多く、その効果は実証済みです。

もともとのミニマリスト発祥の地であるアメリカでは、富裕層がモノを持つことの虚しさに目覚めたことからこのムーブメントが起きました。

日本でも若者中心に「必要最小限のモノだけにこだわる」というライフスタイルとして広がりをみせています。

著者もミニマリズムの考え方には共感しています。確実にお金を貯めることができますし、お金持ち思考も身に着くからです。

ところでミニマリズムに徹すると、テレビも本も机も布団もない部屋で、寝袋にくるまって寝る生活となります。

最小のスペースで暮らせるために家賃も大幅に節約できるのですが、もちろんこれは、どこまで実践するかによるでしょう。しかし、なかなかに面白い発想です。

**また、少ないモノだけで生きるというのは、「自分にとって何が必要か」を常に見定める訓練をしていることにもつながります。**

ビジネスシーンで重要な選択と集中の練習が日常の中で行われるわけで、これはお金を稼いで貯める思考法を身に着けるよい訓練となるからです。

## ❖どんどんモノが買いたくなる「ディドロ効果」

今の世の中はモノであふれかえっています。そのため、何を持てばよいのか、何を持たないでいるべきか、わからない人も多いのです。お金がない人は、とりわけモノの所有にこだわりがちですが、この性向はお金に対する負のスパイラルを生み出しています。

貧乏な人の部屋というのはモノでいっぱいです。足の踏み場もないことが多く、使われていないモノが部屋中に転がっています。また、サイフの中身が少ない時に限って、なぜかモノを買いたくなる衝動に駆られたことがないでしょうか。

**モノは連鎖するように増えていきます。ある1つのモノを買えば、さらにそれに見合ったモノ、それを補うモノを買おうとするからです。**

新しいよいモノに合わせて、次々と新しいモノを買うのは、「ディドロ効果」と

### 「ディドロ効果」に陥ると貧乏に…！

台所をリフォームしてピカピカの部屋にしたら、他の部屋も全面リフォームしたくなっちゃって…

ハンサムでカッコイイ彼氏ができたら、アタシのおしゃれ度が上がって、買い物貧乏になっちゃった…

高級スポーツカーを買ったら、隣に乗せてる彼女がダサくて貧相に見えるので、もっとイイ女を見つけようかと…

★「新品」「高級」のグレードに合わせたくなる！

**して知られます。**

新しいテレビを買うと、ビデオもテレビ台も次々と新しいモノを買いたくなるのと同じです。

一方、お金持ちの家を見るとよくわかりますが、キッチンから部屋の隅々まで、どこを見回してもすっきりしています。収納が特に上手というわけではありません。余計なモノを置かないし、買わないのです。

するとどうなるかといえば、風水の教えではありませんが、身も心も清新になり、サイフの中身もどんどん豊かになっていくのです。

# お金持ちには「ピカソ的思考」が欠かせない

**お金持ちが、お金持ちになってもなお、高いモチベーションを保ち、日々新しい事業やイベントに挑戦する理由には、「自己実現の欲求」があります。**

「自己実現の欲求」といえば、人の欲求を段階づけした米国の心理学者アブラハム・マズローの「欲求の5段階説」が有名です。

あらゆる欲求を超越したところにあるのが、「自己実現の欲求」です。少し難しいので換言すると、自分が本当にやりたい目標や理想の実現に向けて行動し、それを成し遂げることをいいます。たとえば、「単身アフリカの貧困国に渡り、医療活動に従事する」とか、「バスの運転手になりたかった人が定年後、バスを購入してバス会社を起こす」など、**自分の本能的存在感や使命感に駆られて突き進む力**――

**が「自己実現の欲求」というものなのです。**

## ❖「自己実現の欲求」を「稼ぐエネルギー」に

マズローが考えた5段階説は、底辺の欲求が満たされるにしたがって、欲求水準が向上していくことが示されています（41ページ図参照）。

まず、衣食住や食欲などの「生理的欲求」が満たされると、次には安心した暮らしが送れる「安全の欲求」を求めると考えます。そして「安全の欲求」が満たされると、組織や社会での役割を果たしたいという「社会的欲求」が生まれ、さらに地位や名声といった社会からの「承認の欲求」を求めるとしたのです。

そして、それらすべてが満たされると、最終的に自分が本当にやりたいことに目覚めます。つまり、特化した自分本来の「自己実現の欲求」へと向かうわけです。

**意外なことですが、単なる「お金持ちになる」という欲求レベルだと、下から2番目の「安全の欲求」のところまでで充足できます。**

単に「お金持ちになろう」という欲望だけでは、多くの人がそのあたりでストップしてしまうのです。毎日の生活に不安もなく、老後の心配もいらないぐらいの水準に甘んじるわけです。そうなると人間はもともと自堕落《じだらく》にできているので、もっとお金持ちになりたいとはだんだん思わなくなっていきます。しかし、**さらに大金を稼ぐ人は「お金を稼ぐ」が、「自己実現の欲求」へと昇華していきます。**

自己実現を成し遂げようとして、自分らしく生きようとした画家のゴッホはかえって貧乏になりましたが、ゴッホの対極にいるピカソは違いました。

ピカソはどんどんお金持ちになっていきますが、自分の芸術が世界に理解されることと、お金が集まることを同じように大事にし、それらを結びつけて考え、行動していたからです。こんな逸話さえあります。

ピカソは、新しい絵を描きあげるたびに画商たちを集め、その作品の背景や意図をとうとうと説明したのです。

それは、画商たちが作品という〝モノ〟を買うのではなく、作品に込められたエ

**「自己実現レベル」まで到達できる人はごく僅か！**

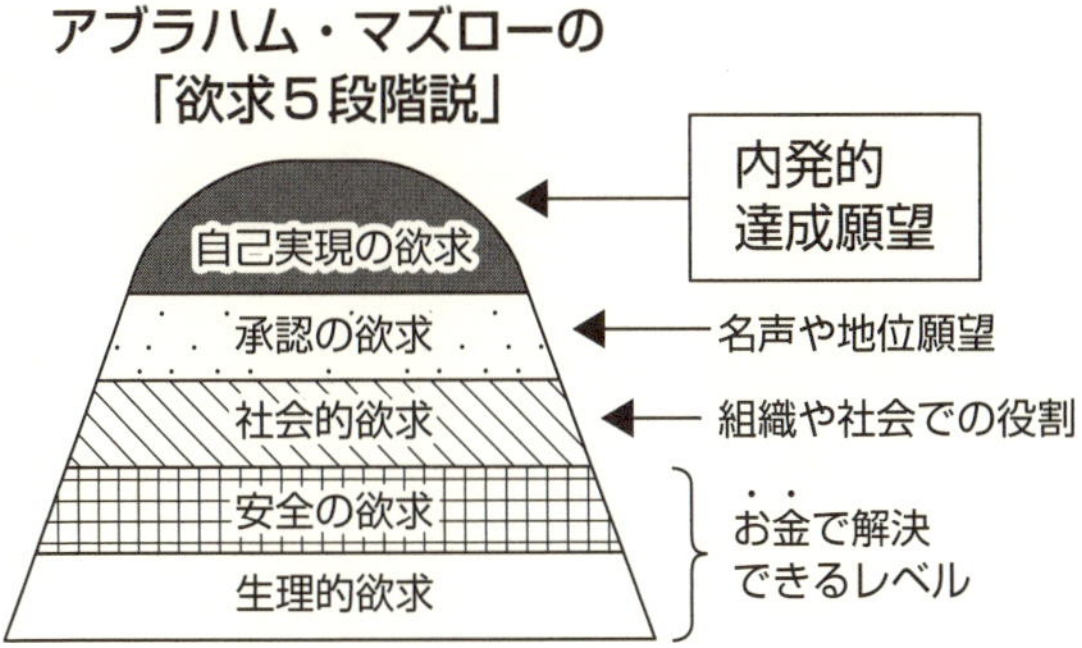


★世の中には「社会的欲求」や「承認欲求」など求めないという人ももちろんいます。

ピソードやストーリーにお金を払っていることを知っていたからでした。

**ピカソは、「自己実現の欲求」とは何かを自分なりに考え抜き、芸術こそ最高の金銭的価値を生むもの――としていたのでしょう。ピカソのように自分の価値観とお金が結びついた例は、非常に理想的です。**それは自分にとって、強力なパワーになるからです。

本当にやりたいことは何なのか。自分を解放するものを見つけた人は、お金からも好かれる人になっていくわけです。

## お金持ちは、究極の「プレゼント上手」

お金持ちは、時として意表を突く贈り物をしてくることがあります。缶詰の詰め合わせといった普及品でなく、各地の特産品や高級嗜好品など、ふつうの人には考えつかないようなプレゼントを贈るのが大好きなのです。たとえば、旬の北海道産のジャガイモ（馬鈴薯《ばれいしょ》）や、松阪牛のA5ランクを段ボールで送りつけてきます。

驚くのは、その贈り物が「もらった側も、前から興味を持っていたもの」や、「気になっていたけれど手が出なかったもの」や、以前に「話題に出て盛り上がったことのある珍品」だったりすることです。

**このようにお金持ちに「プレゼント上手」な人が多いのは、なぜでしょうか。**

**それは他人をよく観察し、その人の「ニーズ」に気づく感覚が鋭いからなのです。**

世の中で成功するサービスや商品の多くは、消費者が抱えている「こんなモノがあったらいいのに」というニーズをくみ取ったものです。抜群のタイミングで商品化されたからこそヒットに結びついた――といえるものが多いのです。

お金持ちも同様に、「どうすれば他人の好奇心を刺激できるか」「どうすればこの人を喜ばせられるか」といった視点で、世の中を見ています。

そのため、お金持ちは「これを送ったなら、きっと喜ぶだろう」という贈り物の見つけ上手でもあるのです。また、**他人への贈り物を選ぶ過程で、「人をよく観察し、ニーズを見つけ出す練習」をしているともいえるのです。**

贈り物をすることで誰かをびっくりさせた経験がない人は、ぜひ、突拍子もないプレゼントをして喜ばせてみることをお勧めいたします。

## ❖「返報性の原理」で、どんな人も〝金脈〟に

お金持ちが突拍子もないプレゼントをするのには、他にも理由があります。

友人から突然プレゼントが送られてきたら、あなたはどうしますか。

すぐさま礼状を書いたり、電話でお礼の言葉を伝えるでしょう。そして、相手に対して何か「恩」や「義理」のようなものを強く感じるはずです。

「贈り物をした側」と「受け取った側」……。この2人の関係には、心理学でいう**「返報性の原理」**がはたらき始めるからです。

**人は、他人からモノをもらったり、助けてもらったり、何かの恩を受けた時に、その施《ほどこ》しを返さなければという気持ちになります。**

スーパーで試食をすすめられたり、衣料品店で洋服の袖を通してみただけでも、「何だか買わないと悪いな」という気にさせられるのと同じなのです。モノに限らず、人に親切にすれば、その親切も返ってきます。返報性の原理は、プレゼントや贈り物だけで生まれるものではないからです。

相手に「悪いな」「ありがたいな」と思わせる行動を自分から仕掛けるだけで、相手に「恩」や「義理」を感じさせ、いつか返さなければと思わせられます。

## お金持ちは突拍子もない贈り物で喜ばせる！

★「返報性の原理」がはたらき始めます！

※元気で明るい挨拶は、常に自分から積極的に行う。
※出張から帰ってきたら、ほんの小さな手土産でも仲間に差し出す。
※ちょっとした気配りを相手の行動に見て取ったら、積極的に感謝する。

このように先手必勝で返報性の原理をはたらかせることで、人間関係で、常に自然発生的に優位な立場を獲得することも可能になります。

お金持ちは、こうしたことに大いに関心を持ち、習慣化しているだけなのです。

## お金持ちの「銀行口座は1つ」だけ

投資の世界には、先人たちの残したいろいろな名言・格言があふれています。

その多くが運用に失敗したり、儲けた時の教訓からなっています。

**ビギナー向けの有名な格言に、「卵は1つのカゴに盛るな」という分散投資の教えがあります。卵を1つのカゴに盛っておくと、そのカゴを落とした時に卵が全部割れてしまう――という警鐘なのです。**

「資産の分散化」の実践者こそがお金持ちなのです。

事実、お金持ちは1000万~億単位の資産を分散保有しています。

そして、生活に使うための銀行口座は、たった1つに絞っている人も多いのです。

残高も200万~300万もあれば十分と考えています。これを日々の生活費などの決済口座として利用しているのです。

その他のお金は、外貨預金、株式や債券、ゴールド……といった金融商品に形を変えているか、不動産などの実物資産で、資産の分散化が図られています。

しかも、お金持ちは**決済用の口座の残高が２００万円、３００万円の水準を少しでも超えたら、その超えた分は、他に回して資産化していきます。**

ゆえに、運用資産は雪だるま式に膨らんでいくのです。

今は、歴史的な低金利の時代です。２０１７年1月時点のメガバンクの普通預金の金利は、軒並み０・００１％です。１００万円を預金すると2倍の２００万円になるのに、なんと７２０００年もかかります。

世の中はデフレが続いていますから、預金を続けていてもお金の価値そのものは目減りしませんが、お金自身にはたらいてもらって、少しでも稼いでもらおうと考えるなら、預金ではとうていお話にならないことが自明なのです。

## ❖たった1つの口座だから使える「心理テクニック」

ところで、あなたは銀行口座をいくつ持っているでしょうか。たいていの人が、3〜4行だったり、あるいはそれ以上の口座を保有しているようです。

給与振り込みや貯蓄専用の口座などに分かれていたり、電気やガス、水道などの光熱費の引き落とし口座や、カード決済用の口座などがあちこちに分散されているのではないでしょうか。**預金の分散は非効率です。お金持ちが銀行口座を1つしか持たないのは利便性を重視するからですが、どうせつき合うなら地方銀行や信用金庫といった地元の金融機関に定期も含めた総合口座をつくります。**事業資金の融資には、こうした金融機関のほうが融通が利くからに他なりません。メガバンクよりも、窓口の敷居も低く親切だったりするからです。

1つの銀行を選ぶ時も、熟考し、選択しているわけです。

また、行員数も少ないですから、必然的に窓口の担当者とは顔見知りになり、面

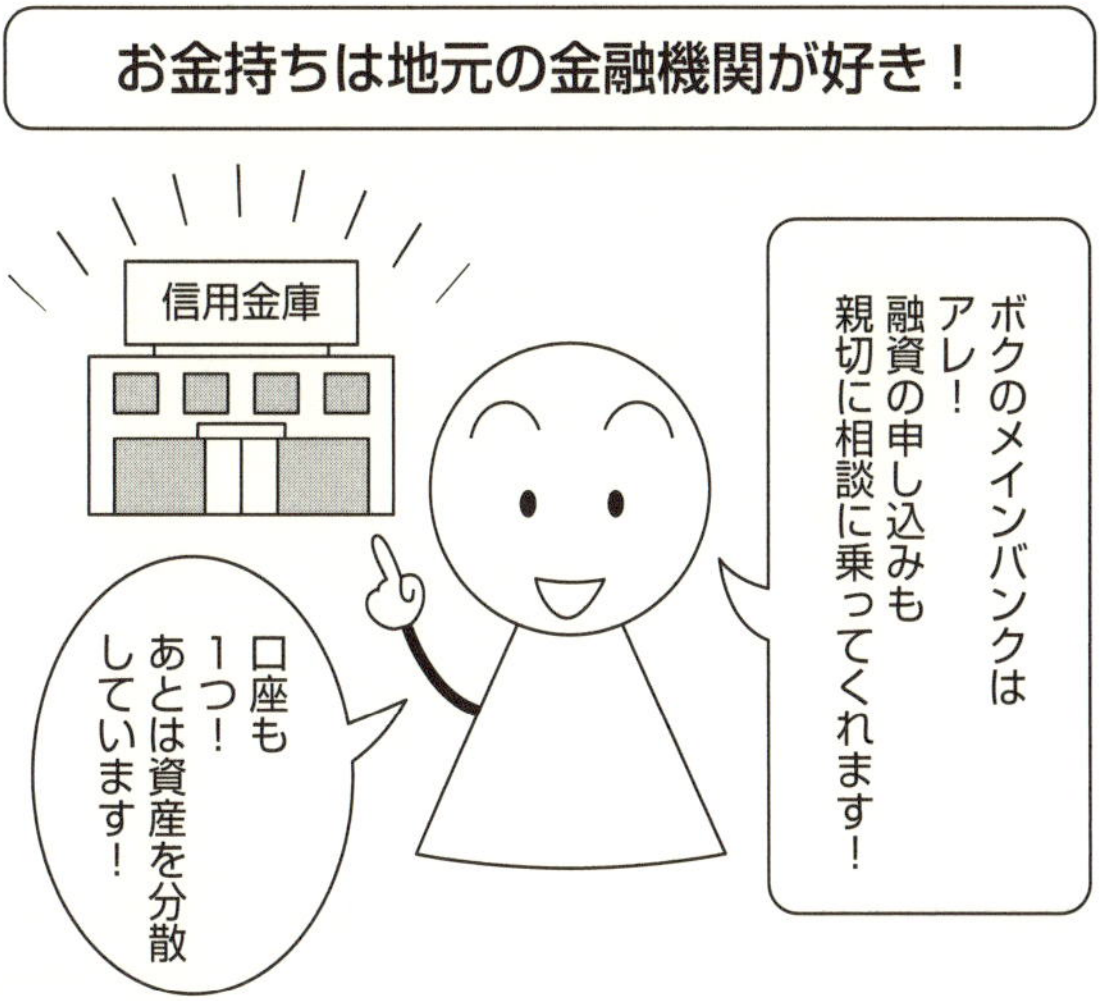


談や相談も重ねることになります。すると、**担当者との間に「熟知性の原理」がはたらきます。会う回数、目にする回数が多くなるほど、相手に好意を抱くという心理学の法則です。**

この法則がはたらくようになると、少々面倒で無理な「お願い」や「相談」をしても聞いてくれるようになります。いつの間にか「何かあったらこの人を助けてあげよう」となるのです。

**銀行口座を1つだけにすることは「お金を増やす」だけでなく、「お金に関する味方を増やす」ことにもつながるのです。**

column 1

# お金持ちになれた人は日本にどれくらいいるのか

日本には、どれくらいのお金持ちがいるのでしょうか。さまざまなデータがありますが、金融資産から不動産資産までを含めた純資産で、１億円以上を保有する人数を約212万人（人口比1.6％）と推計したのは、欧州の投資銀行クレディ・スイスの「GWR 2015」です。

野村総合研究所の推計データでは、2015年の純金融資産の保有だけに絞り、世帯別に５億円以上の「超富裕層」が約７万世帯、１億～５億円未満の「富裕層」が約114万世帯、５千万～１億円未満の「純富裕層」が約315万世帯、３千万～５千万円未満の「アッパーマス層」が約681万世帯、３千万円未満の「マス層」が4173万世帯と推計しています。１億円以上の金融資産を保有するのは121万世帯なので、総世帯数の2.2％に相当します。世帯の平均構成人数は2.4人ですから、クレディ・スイスの推計と比べて、大きな乖離《かいり》はないでしょう。つまり、**１億円以上保有者は100人中１人強ぐらいしかいないのです。**なお、2014年の金融広報中央委員会のアンケートでは、世帯主の年代を問わず約３割が貯蓄ゼロ世帯で、貯蓄の中央値は30代450万円、40代640万円、50代900万円、60代1398万円しかありません。「ユースフル労働統計2014」によれば、高卒で60歳まで同一企業に勤めた際の生涯収入が1.9億円、大卒で同２億円です（退職金除く）。これに対して、60歳までの支出を計算すればギリギリなのです。これでは貯蓄もままならない理由もわかります。何とかしてお金持ちにならないと、現役時代からすでに人生先細り状態で、年金頼りの老後生活は地獄になります。

お金持ちになるには、次のような方法があります。
**①金持ちの親から相続 ②金持ちと結婚 ③高賃金で働く ④副業で稼ぐ ⑤投資で成功 ⑥起業で成功 ⑦スポーツ・芸能など才能で稼ぐ ⑧発明・特許で稼ぐ**……の８つです。

自分がどんなことが好きで、何が自分に向いているかを早く見つけないと大変です。嫌いなことではお金は稼げないからです。

第2章

# お金が生まれる「時間」とのつき合い方

## どんな時も「迷わない人」がお金持ちになれる

お金持ちに共通するのは、「頭の切り替えが格段に早い」ということです。

何かの壁にぶつかっても、いつまでも悶々と悩むことがありません。

「やるか、やめるか」「Aにするか、Bにするか」と、**何事も決断するスピードが早いのです。それは、人生における「時間」の重要性をよく知っているからともいえます。**

心理学的考察からも、お金持ちの多くは何事に対しても先延ばしにしない性格で、即断即決するタイプだといえます。ちなみに、アメリカのある調査では、一般の成人の2割が、自分は先延ばしの常習犯だという自覚があるそうです。

「何かに迷っている時間」というのは、それ自体が短い時間であっても、積み重な

ると長い時間になります。

仕事でA案にしようか、B案にしようか、悩んだ時間は30分だとしても、同じようなことを毎日続ければ、1か月で約15時間のロスになります。この15時間を効率的に使えば、自然と仕事の生産性が高まり、評価も給料も上がるでしょう。

また、この15時間を趣味や資格取得などにあてて、自分に投資すれば自分の価値を高め、結果的にお金を集めることにもつなげられます。

お金持ちになった人は、無意識のうちに、こうしたことを理解しているために、自然と決断が早くなるのです。

## ❖人と同じペースでは、十人並みの収入しか得られない

会社勤めを経て独立し、お金持ちになった人に「会社選び」や「転職基準」について尋ねてみると、次のような価値基準を持つ人が多かったのには驚かされました。

**※出世のために働くより、自分の好きなことをする時間を優先していた。**
**※給与が多少低くても、自分の采配《さいはい》で動ける自由な会社を選んで就職していた。**
**※サービス残業を強いるなど、労働条件の悪い企業からはすぐに離職した。**

お金持ちの多くは、「自分」を尊重することが第一だったのです。
また、会社から支給される給与の額にも拘泥《こうでい》していません。
すなわち、**お金持ちの多くが、もともと会社にしがみつこうとする意識が薄いの**

**です。**

**だからこそお金持ちになれた――という成功の逆説がそこに見て取れます。**

**お金持ちの多くは、自分の心に正直に、自由に楽しく行動できる環境や、他人に指図されることの少ない環境を選び取る傾向にあります。**

第三者からコントロールされることを基本的に拒んでいるわけです。

コントロールされていると感じると、心理的なプレッシャーがかかります。その小さなプレッシャーが、創造的な思考や行動を阻害するからです。

**「コントロールされることなく、自分を１００％生かして働く」という選択が、結果として自分の能力を伸び伸びと発揮することにもつながるのです。**

また、「会社に頼る思考」をやめれば、ネットビジネスを副業にしたり、自分の好きなことや趣味をサイドビジネスにするといった考え方にも近づき、漫然と会社に勤めている時よりも収入を格段に増やす機会も得られるでしょう。

自然体の自分に従うことが、「チャンス」をモノにすることになるわけです。

# 稼ぐ時間は「忙しい人活用術」で、つくり出す

お金持ちは、逆転の発想で物事を考えます。

たとえば、**お金持ちの多くは仕事を依頼するなら、あえて忙しい人に任せるようにしているのです。**

逆に、お金持ちでない人が、仕事を頼む場合は、いろいろな仕事を抱えている人よりも、仕事の量が少なく、時間に自由が利きそうな人に仕事を頼むでしょう。

お金持ちが忙しい人に仕事を頼むのは、**「忙しい人＝仕事が多く回ってくるデキる人」**と見立てているからです。

忙しい人は、次から次へと新しい仕事をこなしています。仕事を短期間で上手に回すクセがついており、そのためのノウハウも持っているのです。ゆえに、どれだ

け忙しそうであっても、自分が頼んだ仕事も早く終わらせてくれるはずと、とらえています。

**お金持ちはこのように、他人の行動パターンや思考の裏にあるものをしっかりと読み取ってから行動することが多いのです。**

こんなお金持ちの思考法が、物事を逆転の発想でとらえることにつながっているのでしょう。

お金持ちの考え方でいえば、暇な人は意欲や能力が低いから仕事の依頼がこなくなり、暇になるわけです。いくら時間があるとはいえ、そんな人に仕事を頼むと、時間ばかりかかって満足な成果をあげられない――と恐れるのです。

それを実体験として知っているからこそ、お金持ちの人は暇な人を見限っているところがあります。

**お金持ちは、何事に関しても既存のモノでは満足しません。今よりもっとよいモノがないか、もっとよい方法はないかと追及する姿勢があります。**そのため、こんな考え方が習慣になっているのです。

## ❖自分を効率よく動かす意識を持つ

多くのお金持ちには、「自分が常に身軽でなければ大きな仕事に立ち向かえない」という自覚があります。「自分でやる必要がない仕事」はさっさと切り捨てて、人に任せることで仕事の効率が上がると確信しているのです。

仕事を振る時も、任せる内容をしっかりと見極めます。

たとえば、お金持ちは、次のような優先順位分けをよく行います。

①簡単にできて、影響力や注目度の高いもの
②簡単にできないが、影響力や注目度の高いもの
③簡単にできて、影響力や注目度が低いもの
④簡単にできなくて、影響力や注目度の低いもの

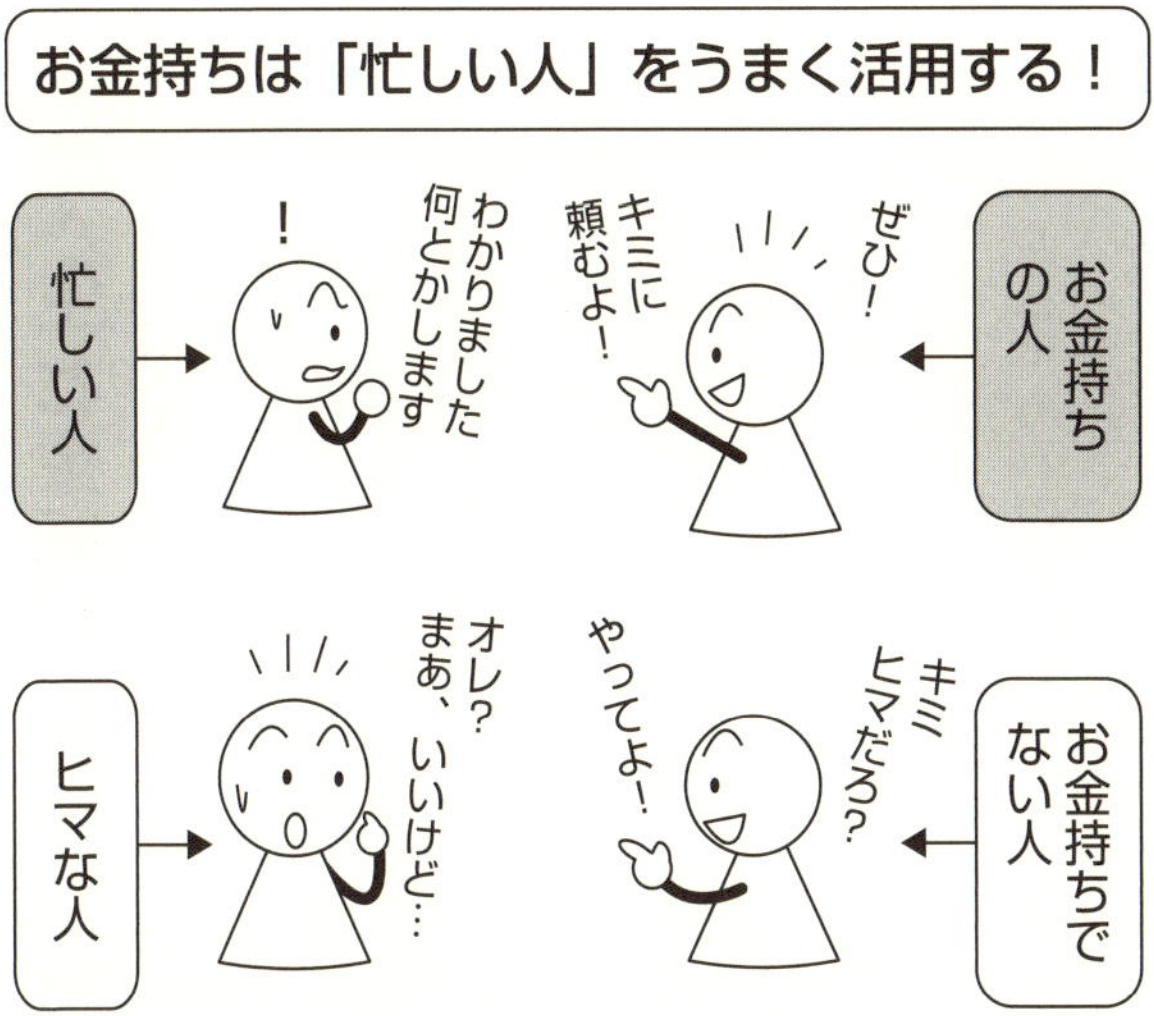


自分の抱えている仕事に対し、この4つのカテゴリー分けをして、①はどんどん片付け、②は作戦を練り、効果的な時間軸で行います。

③は空いた時間に軽くこなし、④は進んで人に任せるか、支障がなければカットしてしまうのです。

また、**①〜③の仕事もすべて自分でやるのではなく、忙しい人＝有能な人に目星をつけて適宜仕事を振っていくことで、自らのパフォーマンスを極限にまで高めます。**

自分を効率よく動かすことが、「お金持ちの道」に通じているのです。

# 人生と金回りが変わる「休日優先スケジュール」

お金持ちは、実にさまざまなところへ旅行に出かけるものです。

それも、他の人が働いている時にエジプトでラクダに乗っていたり、ハワイでサーフィンに興じたり、ブロードウェイでミュージカルを観ていたりします。

お金があるから好きな時に休めて、好きな場所に旅行に行くことができると、うらやましく思う人も多いでしょう。もちろん、それは否めません。

お金持ちとそうでない人の違いはいろいろありますが、お金持ちには圧倒的な「経済的自由」があります。

お金があるので買いたいものはいつでも買えますし、ライフライン（住居や日常生活の必携設備）も充実しています。老後の貯えを心配する必要もないでしょう。

また、「経済的自由」に付随しているのが「行動的自由」です。

お金があるので、列車や航空機のチケットの価格を気にせずに購入できます。いつでもお金の心配をせずに、旅行に行くことができるのです。

しかし、皆が働いている時に旅行や趣味などの休暇を楽しめるのは、お金だけが理由ではありません。**お金持ちの多くは、「計画上手」であり、さらには、その計画を行動に移す「実行力」があります。そのため、自分の取りたいタイミングで休みを取って旅行に行けるのです。**

## ❖休暇の取り方を変えれば、お金持ち体質になれる

お金持ちは、フラリと休暇を取って旅行に出かけているように見えますが、実はそうそう思いつきで行動しているわけではありません。

仕事の予定もあるわけですから、周到な計画を立てたうえで旅行に出かけているのです。年に10回以上、海外旅行を楽しんでいる投資家の人は「仕事の予定よりも

先に休暇の予定を入れるのが、うまくスケジュールを立てるコツ」と教えてくれました。**あらかじめ十分な余裕を取って、仕事よりも「休暇・リフレッシュ」の時間からスケジュールを埋めてしまうのです。**

「いつか旅行に行きたい」と思っているだけでは、いつまでたっても旅行には行けません。実際に「旅行の予定」を先に入れてしまうことで、それまでに仕事を片付けざるを得ない状況を自らつくり出すことが大切なのです。

お金持ちは、自分で自分を追い込むのが上手だともいえるでしょう。このクセがつくと、遊びだけでなく仕事の時も、具体的な計画を立ててそれを実行していく力がつくのです。

また、お金持ちが休暇を重視するのは、単純に遊びたいからだけではありません。実は「一流の人＝お金持ちの人」ほど、しっかりと休暇を取っています。

**脳と身体を休ませることが、長期的な自分の成長に欠かせないこと、リフレッシュが新たな発想に大きな影響を与えることを実体験として知っているからです。**

「休暇ファースト」が仕事成功のカギ！

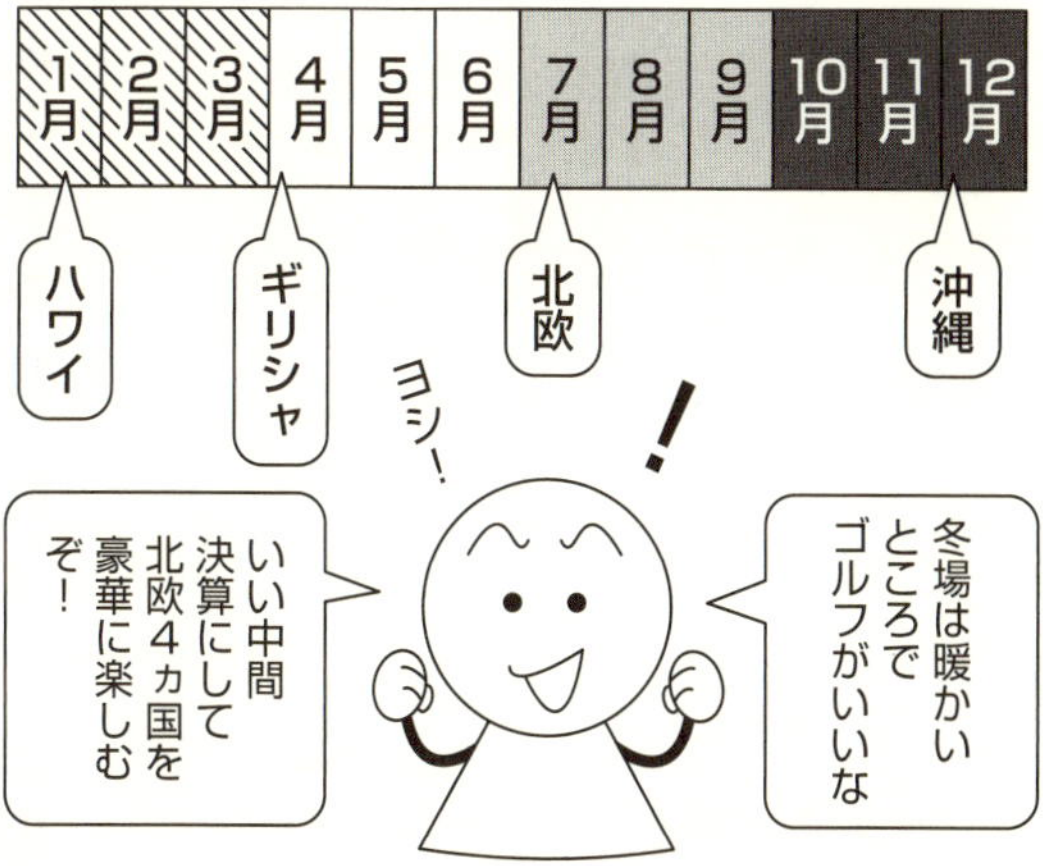


休暇を海外で過ごすというお金持ちが多いのも、より高い「リフレッシュ効果」を狙ってのことでしょう。

海外で過ごすことで、日本にいる時の日常感覚が払拭《ふっしょく》されて気持ちが切り替わります。そのぶん国内にいる時よりも英気が養われるのです。

こうした行動習慣は、その気になれば誰でも実現可能でしょう。

職場で根回しして計画的に休暇を先取りすれば、仕事に追われるのではなく、仕事を追うような「お金持ち体質」になれるのです。

# お金持ちは、朝食に時間をかけない

お金持ちの多くは、朝食に時間をかけません。

朝食の時間が短いとか、朝はトーストとミルクだけの簡単な朝食にしている……という意味ではありません。

単純に「朝食を食べる」という行為だけに、あまり時間を割かないということなのです。**お金持ちには、朝食の時間を単なる食事の時間にするのではなく、ビジネスやプライベートの充実のために有効活用する人が多いのです。**

朝の7時すぎからホテルの部屋などを借りて行われている「朝食会」と称するミーティングに参加する人が、お金持ちに多いことからもそれは明らかです。

朝食会では、参加者が多い夜のパーティーやセミナーではなかなか会えない大企業の経営者の話も聞けて、効果的に見聞を広げることもできます。

また、お金持ちがあえて朝食時にミーティングを行うのには、理由があります。**モノを食べている時は幸福な気分になりやすく、相手に対して肯定的で反対意見や批判的な意見が出ることが少ない**——と心理学の知見にもあるからです。

朝食会というのは、その日最初の食事の機会です。

朝食を食べている本人は意識をしていなくても、眠っている間に脳の中で情報が整理され、リセットされて、朝食時の脳は非常にクリアな状態になっています。

そんなスッキリした状態の脳に「相手に対して批判的になりにくい」という食事の心理作用が加わるので、**朝食会ではランチミーティングや夜の飲み会、パーティーなどより、はるかに素直に話を交わすことができるのです。**

朝食会では、日毎《ひごと》の参加者の入れ替わりもあり、初対面の人も多いのです。

はじめて会う人に率直に友好的に向き合える場としては、昼食や夕食時よりもはるかに向いているといえます。

## ❖お金持ちが「朝を大事にする」のには理由がある

お金持ちが参加する朝食会は、朝食を取りながら外部講師の話に耳を傾け、見識を広げる「勉強会」形式のものが多くなっています。

先ほどもお伝えした通り、朝は脳がクリアになっているので大事なことがよく記憶に残り、知識の吸収にも最適です。

しかも、**朝の時間が一日の中で一番集中力が高くなるといわれています。**勉強するのに朝食時間を活用するのは、非常に効率がよいわけです。なんと、夜の3倍も集中できるといいますから、それほど朝パワーはすごいのです。

近年では、こうした「朝の勉強会」や「朝食会」はお金持ちだけでなく、20～30代の若い人たちの間でも広まっています。テーマも、「金融商品検討会」「アジア不動産投資研究会」「お金持ち大家さんの会」など、いろいろあります。

ネットで検索し、興味があるものに参加してみることをお勧めいたします。

朝一番の朝食会は脳がクリア！

なお、**朝食会などに参加すると、脳と身体にその日、1日分のエンジンをかけることができます。**エンジン全開の状態で会社のデスクにつけば、朝から仕事にも全力で取りかかれるでしょう。

朝食会では、さまざまな成功体験を持った人たちに直接会うこともできます。その高揚感が、全身にみなぎるからに他なりません。

本を読んでいたのでは得られない、多くの気づきも得られるわけです。

成功体験や具体的手法を〝ナマ〟で聞くと、その迫力には圧倒されるでしょう。

## 金銭的余裕は時間の余裕から生まれる

お金持ちの中には、意外にもアナログ人間が少なくありません。新聞も電子版より一覧性に優れた紙版が多いですし、時計もアナログの文字盤のものにこだわります。

そして、スケジュール管理も手帳で行っているという人が多いのです。

**いろいろ考えながら手帳に自分のスケジュールを書くと、スマホやタブレット端末に文字を打ち込むのと比べ、自分の行動を具体的に把握できます。**実際に指を動かして文字を書くと、記憶に残りやすいのも手書きの効用でしょう。

端末でキーボードに文字を打ち込むのは指先の反復反射運動ですが、文字を書くのは手指の筋肉運動だけでなく、腕への神経伝達までが関わるからです。

また、端末入力ではスケジュールの項目が記号化することもあり、イメージがどうしても希薄になってしまうため、無理な予定になっていても気づかないといったミスも起こりがちです。

手書きにするからこそ、スケジュールに十分な余裕が保てるというわけです。

**どんなに忙しそうな人であっても、お金持ちのスケジュールには必ず余裕があります。スケジュールの余裕は「心の余裕」です。**心の余裕とお金とは、あまり関係がないように思われるかもしれませんが、実はこの2つには大きな関係があるのです。

## ❖いつも「理性的」でいるために、時間を管理する

いつもスケジュールに余裕を持たせているお金持ちは、時間ぎりぎりで行動することを嫌います。飛行機に乗る時なども搭乗の2時間以上前に空港に着き、ラウンジでのんびりとくつろいでから、おもむろに搭乗口に向かうのを楽しみにしている人さえいるのです。

それは、**あわただしい状況をことのほか嫌うお金持ちの深層心理の反映です。心が波立つことが嫌いなため、自分が急かされるのを嫌がるだけでなく、誰かを急かすのもご免だと考えています。**

人間の脳は、動物脳といわれる「大脳古皮質」の上に、覆《おお》いかぶさるようにして人間らしい理性を宿した「大脳新皮質」が大きく発達した構造になっています。

この大脳新皮質こそが、知性や理性ある判断をもたらし、人を分別ある行動に導いてくれるのです。論理的な判断が必要となるビジネスシーンで主に役立つのは、この大脳新皮質のほうです。

対して喜怒哀楽の感情は、動物脳たる大脳古皮質のはたらきによります。**大脳古皮質が大きく活性化すると、大脳新皮質のはたらきが抑制されるので、理性的な判断ができなくなってしまいます。**この状態では、的確な判断ができないことは容易に想像がつくでしょう。

お金持ちは、このことをよく知っています。

**お金持ちは“余裕ある行動”で理性尊重！**

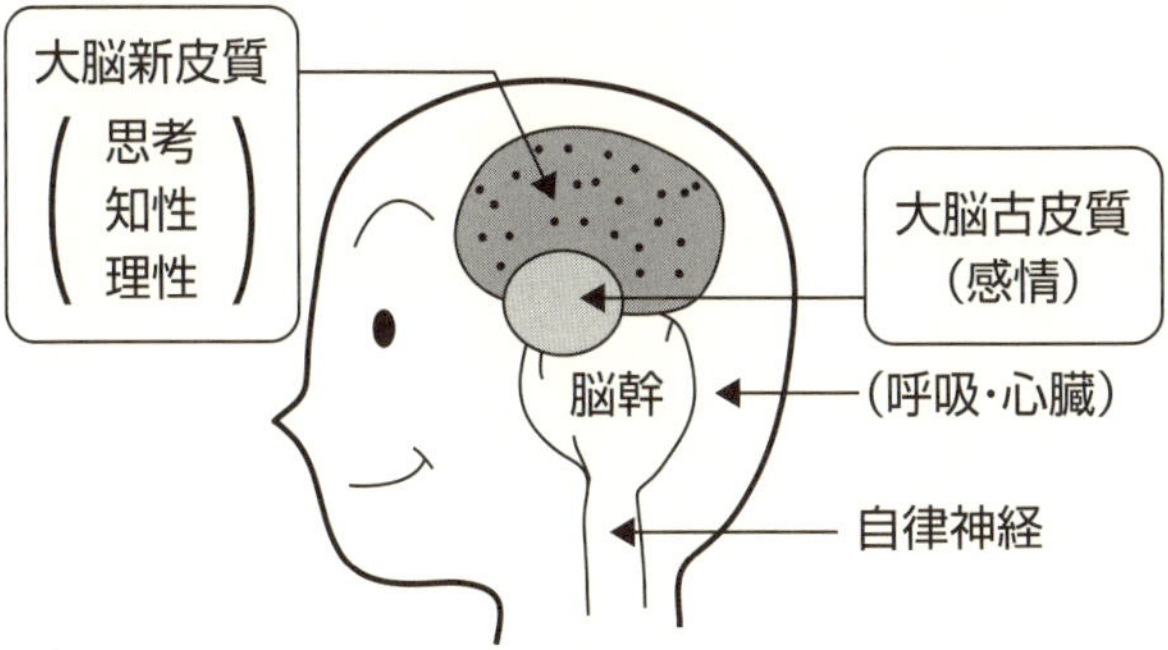


**※動物脳とも呼ばれる大脳古皮質を刺激せず、常に知性と理性で行動したい！**

急かされたり急かしたりして心が波立つと、動物的本能がむき出しにされ、誤った判断をしかねないので、そうした状況に陥ることを嫌うのです。

だからこそ、スケジュールに余裕を持たせ、焦って行動することがないよう心がけているわけです。

いつも気持ちがはやっていると、よい決断ができなくなるだけでなく、周囲から「落ち着きがなく、仕事がデキない人」のレッテルを貼られる恐れもあります。

**スケジュールと心の余裕が「お金持ち体質」には欠かせないのです。**

## 「時間を買う感覚」を持てば、お金が貯まる

昔から、多くの方の夢に「マイホームを保有すること」がありました。

しかし、近頃は人口減少の影響もあってか、マイホームに否定的な人も増えてきています。30～35年の住宅ローンを組んでマイホームを購入しても、ローンの返済が終わる頃には住宅も劣化し、不動産価値も下がってしまうため、購入時と比べて大幅に資産価値そのものが毀損してしまうというのが、その理由です。

それなら、最初から安い賃貸住宅に住んで貯蓄に励み、老後に小さな格安住宅を購入すれば事足りると考える人も出てくるわけです。

**さらに、お金持ちの場合は「マイホーム」に対する考え方が大きく異なります。**

多くの現金や預金を残したままでは、死亡時にそれらがすべて相続税の評価額と

なり、遺族への税金の負担が大きくなることを恐れます。そのため、お金持ちは相続税対策で、都心のタワーマンションの上層階を億単位で購入して自宅にしたり、賃貸に回したり、あるいは自分は都心の賃貸マンションに住み、投資用の不動産を別に複数保有したりします。つまり、**お金持ちはマイホームを持つことを「人生の最終的な目的」としてとらえずに、資産の効率化という視点で見ているのです。**

## ❖「時間」を買うと、人生の幸福度まで上がる

この他にも、お金持ちがマイホームにこだわらないのには理由があります。

今はコンサルティング業で成功し、お金持ちになっているある男性も、独り立ちしてから数年は郊外に家が買えるぐらいのお金が貯まっても、マイホームにはこだわらず、仕事上便利な場所に賃貸で部屋を借り続けていたそうです。

お金持ちになった多くの人がこのように、都心の便利な場所に賃貸で部屋を借り続けることが少なくないのです。**「物質的な充足よりも、時間の確保を大事にする」**

というお金持ちならではの心理なのでしょう。

また、**マイホームは購入すると不自由なところもあるので、自分の足枷《あしかせ》になることを恐れるのです。**

何より、下手に郊外にマイホームなどを持つと、「通勤地獄」を味わわなくてはなりません。会社まで片道1時間前後を満員電車に乗って通うのは大変です。満員電車の中では、本を読んだりメモを取ったりすることもできません。

1時間、混雑の中に立ち続け、何もできずに疲労だけが残るということがほとんどでしょう。1日24時間のうち、往復2時間を通勤時間に費やすと、1日のうちの8・3%の時間が通勤時間に匹敵します。

これをもったいないと思うか、マイホームのためには仕方がないと思うかで、日々のライフスタイルも大きく変わってくるはずです。

お金持ちの「通勤時間をできるだけ短くする」という思考法に関しては、ある面白い調査があるのでご紹介しましょう。

チューリッヒ大学で行われた調査では、**通勤時間が0分から22分に増えた時に受ける「通勤時のストレス」を補うためには、「収入が現在より約20％も増える必要がある」という結果が出ているのです。**

たった22分間、通勤の苦痛にさらされるだけで、私たちの気持ちは収入が今よりも20％増えないと立ち直れないほど、不幸せになる――ということです。

お金持ちが「マイホームよりも、便利な賃貸」を選ぶのは、時間を有効に活用することはもちろん、人生の幸福度を上げるためでもあるわけです。

## 自分の価値を高める「5分」の意外な使い方

お金持ちは、1つの約束から次の約束まで大きく時間が空くのを嫌います。中途半端に1時間、1時間半と、スケジュールに空きがあるともったいないと思うからです。

都心であれば電車やバスを利用することで、非常に短時間での移動が可能になります。お金持ちの多くは、電車に乗っている時でも閃《ひらめ》いたアイデアをメモしたり、読書に時間を割くなど、空き時間をうまく使っています。しかし、こうした時間を差し引いても、1時間以上の空き時間など、時間に余裕がありすぎるのは困るわけです。

お金持ちの中には、「中途半端な空き時間」を、一般の人にはちょっと思いつかない方法で有効活用している人もいます。

**特に興味深かったのは、「以前連絡をくれたけれど会えなかった人や、ふだんなかなか会う機会がない人と会う」というものです。**

「突然申し訳ない。明日の午後2時から30分ぐらいの短い時間なんだけれど、よろしければ、ニューオータニのラウンジでお目にかかれませんか？　なかなかお会いできないのが心苦しくて」などと、水を向けるというのです。

それが突然の誘いであっても、誘われた相手の多くは喜んで駆けつけてくれると、その方法を実践しているお金持ちは言います。

誘われたほうにとっては、「ふだん忙しい人が、自分のために貴重な時間を割いてくれる」と、とてもありがたく思え、かねて自分が誘いをかけていたことを覚えておいてくれた——という義理堅さに感銘を受けるからなのだそうです。

こうして、**空き時間を予想外の方法で活用することが自分の価値を高めたり、人間関係で優位に立てるような基盤づくりにもつながります。**

なぜ、突然の誘いが人間関係に〝深み〟を与えてくれるのでしょうか。

**過去に誘われたのに、それに応えられなかったことをきちんと埋め合わせする行動は、相手に恩を芽生えさせる「返報性の原理」にも適っているからです。**

誘った相手の希望に応えることで、また相手からの返報も期待できる関係を醸成《じょうせい》していることが窺《うかが》えます。

## ❖スケジュール確認で、価値をつくる

お金持ちは、アポイントを打診された時に「よかったー、ちょうど、その時間は空いていますよ」などとは、まず言いません。いつでもスケジュールが空いていると思われると、自分の価値が下がると考えているからです。

「ええっと、10日の午後6時ですか……、うーんちょっと重なってますねえ、調整できるかな、ちょっと待ってくださいよ……」などと、もったいつけ、**いつも忙しい――と演出することが、自分の価値を安売りしない生命線になっています。**

応答ひとつで自分の「価値」が定まる！
「今度の日曜日、空いてる？」
ヒマだよ！
うん！
〈貧乏な人〉
何で？
予定入ってたと思うけど…
〈お金持ちな人〉

あなたも他人から「今度の日曜日空いてる？」などと聞かれた時、「うん、空いてるよ！」などと屈託なく応答していないでしょうか。

**実は、心理学的には忙しい人ほどモテるという知見もあります。**

予定を聞かれてすぐに「予定なし」と答えるのは、自分で自分の価値を下げるようなものです。

「ええと、たぶんみっちりスケジュールが入っていたと思いますが、なぜですか？」と用件を先に聞くようにして、答えをいったん保留すべきなのです。

# お金持ちに飲み会を切り上げられる人が多い理由

会社勤めの人の飲み会は、翌日が土日などの休日だと羽目を外して二次会、三次会に及ぶことも珍しくないでしょう。

飲みすぎて終電もなくなり、午前様になると、タクシー代もバカになりません。マンガ喫茶やカラオケ店で朝まで眠ったところで、翌日の体調は不良気味になります。これでは、せっかくの休日である土曜日が、金曜の夜中の不摂生の影響を受けて憂鬱な日となってしまいます。

また、こんなふしだらを続けていると家族との関係も悪くなります。せっかくの土曜日に、どこにも出かけず酒臭いままベッドで寝ている——。こんな〝使い物〟にならない体たらくな姿に、同居の家族の愛想も尽きかねません。

**お金が貯まらない人は、このように自堕落なパターンを性懲《しょうこ》りもなく毎回繰り返してしまう人ともいえるでしょう。**

土曜日になると二日酔いの頭で「ああ、昨晩は早く帰ればよかった」などと後悔しますが、「わかっちゃいるけど、やめられない」状況を繰り返してしまうのです。

対してお金持ちは、飲み会のために翌日を潰すということはまずありません。

**なぜなら日々のよい習慣が、お金持ちになるための素養としてとても大事だということを知っているからです。生活は習慣の連続でできています。**ちょっとしたよい習慣を続けることが、毎日の充実につながることを知っているのです。

**アルコールが入る場でつき合いがよくなる人は、アルコール依存症ならぬ「飲み会依存症」です。**飲み会に参加できないことに強い恐怖心を抱いています。

これは「自分が排除されたらイヤだ」という強迫観念があるからです。寂しがり屋で、常に誰かと一緒にいないと不安になる人に多いともいえる現象です。他人と親しくしたいという**「親和欲求」**のなせるワザですが、ほどほどにしないと人間関係のさらなるストレスを抱えることにもなりかねません。

## ❖飲み会依存症は、自分の力で断ち切れる

飲み会依存症を断ち切るには、一次会の途中で帰ることです。

**そもそも飲み会に参加しないというのは、あまりお勧めできません。酒の席でしか話せないことに意外な仕事のネタがあったり、アイデアのヒントがあったりするからです。**また、ふだん話せない人と打ち解けられるという効用もあります。ただし、酒がまわりすぎて何を話したか覚えていないような二次会、三次会に参加して、大切な休日が無駄になるのでは本末転倒ということです。

そこで、お勧めなのは、一次会が終わるまで待たずに途中で消えてしまうことです。一次会が終わると、飲み足りないメンバーが「二次会」に行こうと誘ってきます。一次会が終わってからだと、この攻勢から逃げられなくなるからです。

一次会が始まる前から、幹事には「1時間で辞去しなくてはならない旨」を告げ

ておけばよいのです。ようするに、幹事に前もって自分が途中で抜けることを〝根回し〟するわけです。なぜ、こんなお膳立てをするのかといえば、宴たけなわでの退席は水を差すだけでなく、引き留めの反対意見が出やすいからです。

「私はここで帰ります」などと言えば、寄ってたかって「なんだよ、もう帰るのかよ！」と押さえつけられかねません。

前もって幹事に告げておけば、途中で消えても幹事が代弁してくれるでしょう。翌日以降の体調も守れるというわけです。

column 2

# 生涯でかかる大きな支出を考えよう！

**人生には３大支出があります。**
**「マイホーム」「生命保険」「教育費」です。「マイカー」も加えれば４大支出ともいえます。**

いずれも長期の支出総額が甚大《じんだい》だからです。近年は、以下のような考えで、これらを「無駄な出費」ととらえる向きも増えているのです。

★**「マイホーム」**……人口減少で住宅は余り、経年劣化と需要の減少で価格は下落します。価格の下がるモノに低金利だからといって、住宅ローンを組んで買うと大損です。マイホームは転勤や転職、家族の構成員の増減などに対応しにくく、足枷になりかねません。格安の賃貸に徹すれば、今後家賃もさらに下がり、修理も家主持ち、転居も簡単です。そのぶん貯蓄や投資に励めば、余裕も生まれます。老後に格安住宅を購入しても十分元が取れるという考え方です。

★**「生命保険」**……大手生保の純保険料（補償に充当する部分）は35%しかなく、保険会社の付加保険料（コストと利益部分）が65%もあり、支払った保険料の多くが広告費などに垂れ流され、保険料が半額程度のネット生保でも純保険料77%、付加保険料23%程度で効率が悪すぎます。しかも保険は、いざという時の補償の不払い条項だらけです。公的健保の高額療養費制度や年金による障害者や遺族給付も現在は充実しています。補償内容が異なるものの、医療保障がついた「都道府県民共済」にすれば、補償充当の純保険料は95%強で、格安で安心という考え方も広がっているのです。

★**「教育費」**……文科省データによれば、幼稚園から大学まですべて公立の場合、授業料、給食費、教材費、塾などの費用も含めた教育費の平均は、約800万円。全部私立だと2212万円かかると推計しています。近い将来AI（人口知能）社会になると、認知スキル（知識中心）はコンピュータに置き換わり、ホワイトカラーの職でも、専門知識を売り物にした仕事でも、需要は激減するといいます。学歴や資格だけを頼りにすると虚しい将来になりかねず、子供の教育費は、根本的に考え直すべき時が来ているという声も多いのです。

# 第3章

# お金が近づいてくる「コミュニケーション術」

## 年下の友人を大事にする人に、お金は集まる

**お金持ちがつき合う相手は、意外にも自分より年齢の低い人が少なくありません。40代のお金持ちも、50代のお金持ちも、これは共通しています。**

いったい、なぜでしょうか。ふつうなら同年代か、自分より年配の人とコンタクトをして人生の意義を考えたり、処世術の教えを請うほうが得策のようにも思えます。何人かのお金持ちに聞いてみました。

「つき合うのは、年下の人のほうが楽だし、今の若い人はブラックな環境に身を置く人も多いので、及ばずながら、そうした環境からの脱出のお手伝いができればと思って、自分の体験を通して相談にのったりすることも多いんですよ」

自分の成功体験をベースにして、お金を稼ぐためのヒントや方法論をアドバイス

していると言うのです。

もちろん、お金持ちはお金持ちになる前も、なってからも、同年代や年上のお金持ちなど、あらゆる業界人や成功者と会って話を聞くのが大好きです。

年下の人とばかりつき合っているわけではありません。成功実例やノウハウを吸収するのは、むしろ年配者からのほうが多いはずです。

では、どうして若い人とも接することを好むのでしょうか。

**インプットだけで終わらせないのが、お金持ちたるゆえんだからなのです。**

**お金持ちは、自分の指導者や師匠からインプットした「知識や経験」を、若い人たちにもアウトプットしていたわけです。**

これは、自分の利益にも十分つながるでしょう。

自分が学習した知識や経験を、若者たちにアウトプットすることで、自分の中にも、深く浸透させることができます。

目上の人の話を聞いたり本を読んだりすれば、一定の知識を着けることはできますが、それだけでは不十分——ということなのでしょう。
誰かに「教える・伝える（＝アウトプットする）」ということは、その物事について詳しく理解していないとできることではありません。

## ◈人間関係における「アウトプット」が、ビジネスに生きる

**一般に、仕事の現場は常にアウトプットの連続です。自分の得た新しい知識（インプット）をアウトプットするからこそ、インプットもうまく機能するのです。**

マネジメントの発明者といわれるピーター・ドラッカーも、アウトプットの大切さを説いていた一人です。ドラッカーは「仕事を生産的なものにするには、成果すなわち仕事のアウトプットを中心に考えなければならない」と伝えています。

お金持ちは「インプットより、アウトプットのほうが重要」と実感しているからこそ、その機会が必然的に多くなる年下の友人や知人とつき合うのでしょう。

もちろん、自分よりも若い人とコミュニケーションを取ることで、自分自身の気

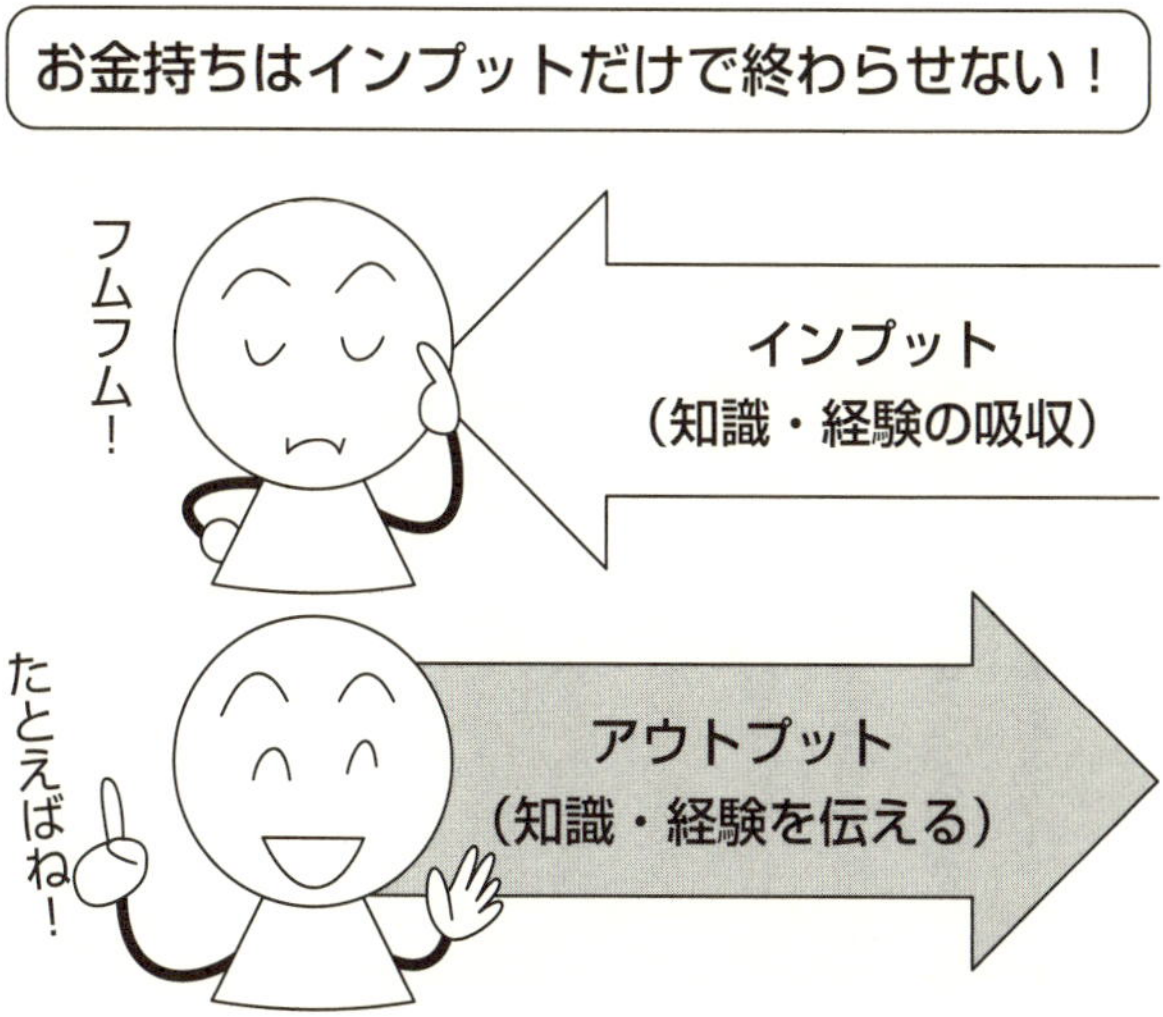


持ちを若返らせるという心理効果もあるでしょう。これも大きなメリットです。

**若々しい気持ちを持つことは、ビジネスでもプライベートでも、新しい挑戦をする時の大きな原動力になるからです。**

お金持ちは年下の友人や知人とつき合う効果を十分承知しています。

あなたもインプットを重視するだけでなく、アウトプット重視で、あえて自分よりも年下の人たちと接する時間を増やしてみてはいかがでしょうか。

## お金持ちのメールは「親しみやすく、わかりやすい」

ビジネスメールは、どうしても無機質な感じになりがちですが、お金持ちのメールは短いながらも親しみを感じさせるものが多いものです。

なぜなら、文章をいったん締めたあとの追伸にあたるような一言が秀逸だからです。

※ご紹介の本、さっそくアマゾンで注文しましたよ！
※あのお店よかったので、また行きましょうね。
※ご紹介いただいた糖質ダイエットはまだ続いていますよ（笑）。

こんな悪戯《いたずら》っぽい、一言を残されると、メールを受け取った相手は思わず微笑んでしまうでしょう。

以前会った時に話題になったことや、実際に利用したお店のことをサラリとつけ加えているだけのことですが、人柄や温もりの感じられるメッセージになっているのです。

このように、**お金持ちは意識する・しないにかかわらず、メールの一番最後に茶目っ気のある一言を残す人が多いのです。**見事な〝金持ちワザ〟というべきでしょう。このメール術は、心理学的にも的を射ています。

**系列位置効果における「親近化作用」といいますが、複数の情報が並んで発せられた時には、一番最後の情報が最も記憶に残るとされているのです。**

プレゼンでも、自己紹介でも、最後の締めくくりの言葉はいつまでも人の記憶に残るのです。**「ピークエンドの法則」**でもおなじみでしょう。一番盛り上がった話題と、最後の別れ際の印象が、相手の記憶に最も強く刻まれます。

親近感を感じさせる最後の一言によって、あなたのよい印象が相手の心に刻まれて、それが好機（チャンス）をつかむキッカケともなるのです。

## ❖「たかがメール」でも、ビジネスは大きく変わる

ビジネスメールで大切なのは、一目で内容がわかるタイトルをつけること、そして短く簡潔な文章にすることです。

これはビジネスマンの常識ですから実践している人も多いことでしょう。

タイトルを見て、メールの内容が報告か、依頼か、指示か、ただの近況連絡かがはっきりしないと、先方はメールを開かずに、後回しにしてしまうことがあります。

また、開いたとたんに、メールそのものが長いと、読み込んでもらえなくなります。文の羅列は、読み手に単純に拒絶反応を起こさせるからです。

読みたくなるメールというのは少し無機質であっても、簡潔に内容がわかるものです。ただし、それゆえに、冷たい響きにもなりかねません。

**相手の深層心理への“刷り込み効果”とは？**

**親近化効果** → 「いい奴だけどケチだよ」と言うと悪印象に。「ケチだけどいい奴だよ」と言うと好印象に。プラスの情報をあとに伝えるとプラスイメージが強まります。

**ピークエンドの法則** → 印象は盛り上がった部分と最後の部分だけが残る。ピークとエンドの部分を好印象にすることが大事です。

そこで前述したように、最後に文章を締めたあとで、あなたの感情の込もった一言を添えると、気の利いた温かみのあるメールになるのです。

気取らないたった1行だからこそ、「サブリミナル効果における刷り込み」も発揮されます。

「たかがメール」と思われるかもしれませんが、「されどメール」なのです。

**ビジネスメールだからと事務的にならず、相手に親近感や親切心を覚えてもらうと、自分の将来の成功を引き寄せられるのです。**

# 「ＹＥＳ」が多い人には、お金持ちの素質がある

さまざまなお金持ちと接していますが、お金持ちの中でも上級の位置づけに相当する「超富裕層の人」は、話していてもまったく否定的な反応や行動がないことに、いつも驚かされます。

どの人も、いつもこちらの話を肯定しながら聞くスタンスなのです。

相手に否定的な態度を示さないこの「ＹＥＳマン」ともいえる姿勢は、人間関係を円滑にするのに非常に大きな力を発揮します。

一般の人「引っ越し先の隣の部屋にものすごくタチの悪い人が住んでいたとしますよ。これってすごくイヤだし、困りますよね？」

**大金持ち「はい、そうですね。それはイヤだし、困りますねえ（肯定）」**
**一般の人「そんな時は、どうします？　隣とケンカをするか、逃げ出しますか？」**
**大金持ち「はい、そうですね。うーん、○○さんなら、どうされますか？（肯定）」**
**一般の人「えっ？　ええと、ボクなら険悪な関係にならないうちに逃げるかな」**
**大金持ち「なるほどー、それが一番の方法かもですね（肯定）」**

基本的に、相手の言葉をことごとく肯定的に受け止めるのです。

相手から「どうしますか？」と尋ねられたら、その質問にはストレートに答えずに「あなたなら、どうします？」と逆に質問し、相手の答えを待つのです。

そして、相手から回答があった時にも、その意見を肯定的にとらえて「賛同」する側に回るわけなのです。

注目したいのは、どこにも相手の話を否定するような「いや」「でも」「しかし」「だけど」といった「逆説の接続詞」を使っていないことです。

当然ですが、自分の意志表明をせずに相手に話させるズルい話法でもあり、セールステクニックに出てくる応酬話法の1つでもあります。

相手の意見や主張をことごとく肯定的に受け止めますから、そもそも「対立」や「争い」が生じない平和的な対話法になっているのです。

## ❖「いい人」に見せる努力をおしまない

超富裕層になった人の多くは、「どうしたら相手に脅威を与えず、話題を盛り上げ、次の出会いにつなげていけるか」を考えながら、他人と会話をしています。

**コミュニケーションで大事なのは、相手にとって自分の存在が「安心できる人」「信頼できる人」という位置づけになっているかどうかです。**

そのためにはまず、相手の話に真摯に耳を傾けます。相手は自分の価値観を受け入れてもらえたと感じ、**「承認欲求」**が満たされます。

相手が今まで努力してきたことや苦労話なども、真正面から肯定するのです。

### お金持ちは「平和的な対話法」をうまく使う

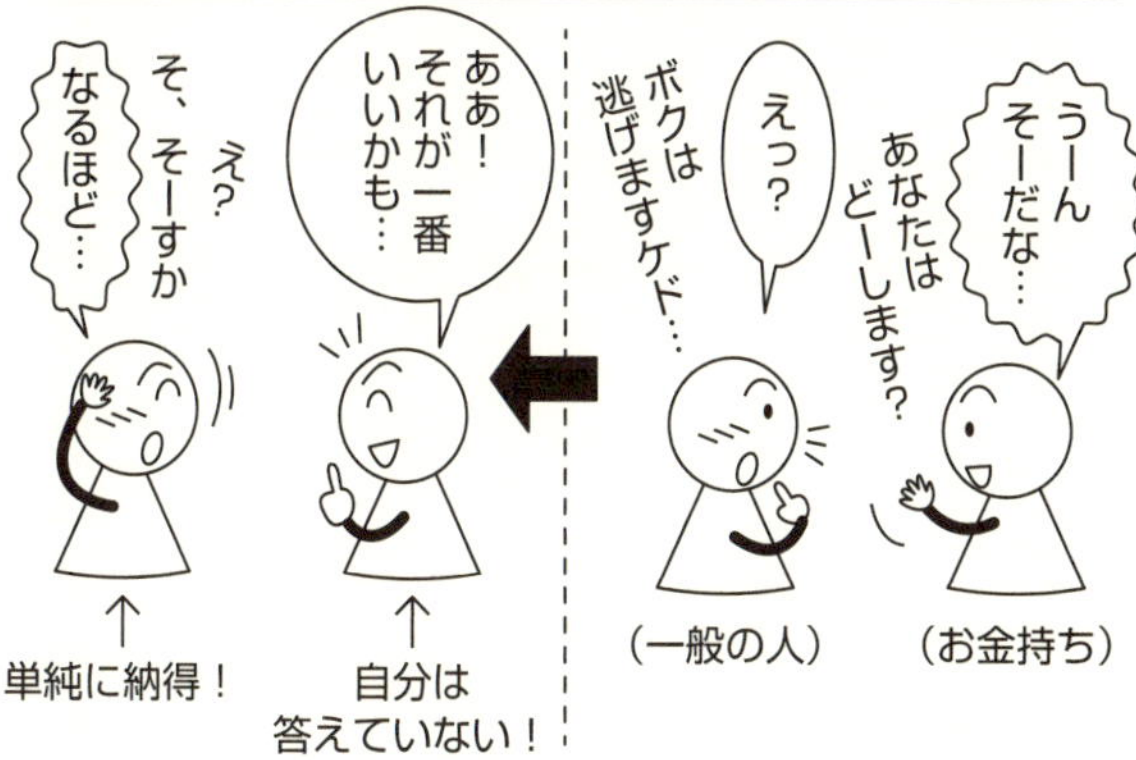


★「YES」ばかりで「NO」がまったくない！

相手は特別報われたと感じ、こちらへの信頼感を増していくでしょう。

信頼で結びついた関係は、ビジネスにおいても基盤となるものです。

**「信頼できる人」というラベルは、新しいチャンスを生むのです。**

**お金持ちほど、経験則から「信頼がお金を生む」ことを知っています。**

自分に能力や才能があっても、人間関係に「信頼」を呼び込むことができなければ成果は知れています。

お金持ちは、「いい人」に見える努力を絶えずし続けているわけです。

## 金持ち体質をつくる「メンター」の存在

「お金持ちになりたいですか？」と聞かれれば、多くの人が「なりたいです！」と、答えるでしょう。ただ、そう答えてはみたものの、「今からお金持ちになるのは無理ではないか」「なれたら嬉しいけれど、なれなくても仕方ないかな」などと、心の中で感じている人は多いはずです。

人間の脳は、日常の中で意識できる部分（顕在意識）と、ふだんの生活の中で意識できない部分（潜在意識）から成り立っています。

**お金持ちになりたい――と意識しても、潜在意識の部分で「本当は無理かな」という感覚があれば、生涯お金持ちにはなれません。**

**「努力逆転の法則」**をご存知でしょうか。提唱者のフランスの心理学者エミール・

クーエの名から、「エミール・クーエの法則」ともいわれます。

エミールは、実例をもとに、**「イメージ（想像力）と意志の力が相反した場合は、イメージのほうが常に勝つ」という法則を導き出しました。**

お金持ちになりたいと思ってガムシャラに働いたり、節約に励んだり、投資に精根をそそいでも、心の中に「お金持ちになった自分」が描けていないと、お金持ちにはなれないのです。

地面の上に置かれた60センチ幅ぐらいの長い踏み板があれば、板の上を歩いていくのは容易でしょう。

しかし、これが高さ数メートルの建物の間に差し渡されていると、とても恐ろしくて踏み板の上を歩くことはできなくなります。

「意志の力」がどれほど強くても、バランスを崩せば落ちるかもしれないという「イメージの力」が勝っていると、努力では克服することができないからです。

**エミール・クーエは、こうした例からも、潜在意識（無意識）のイメージこそが**

現実社会における、あらゆる物事の成功や達成に重要な要素と説いています。

## ❖メンターが、「金持ちイメージ」をつくってくれる

あなたがお金持ちになりたいと意識してあらゆる努力を積んでいても、潜在意識が「お金持ちになった自分」の確かなイメージを描いていないと、途中でさまざまな誘惑に負けたり、努力することに疲れてしまい、お金持ちになれずじまいで終わってしまいます。

どうすれば、鮮明なイメージを持ち続けられるのでしょうか。

それには、「メンター」の存在が重要な位置を占めます。

**お金持ちになった人には、身近にお金持ちになったメンターがいるのです。**

メンターとは、お手本の人であり、いわば指導者、先導者です。

また、自分のなりたいイメージを具現化した人だともいえます。

ぼんやりとお金持ちになりたい……と思っていても、なかなかそのイメージを持

## 「エミール・クーエの法則」に従い"イメージ"を保つ！

こんにちはー また来ちゃいました！
今日も いろいろ お話聞かせて 下さい！
やあ
お金持ちメンター
ようこそ！
この人は45歳でリストラされ、ホームレス状態にまで追い込まれたのに、今やリサイクルの商売で大成功している。ボクはまだ30歳だからもっとイケるはずだ！

続させるのは難しいですが、**「あの人のようになりたい」というメンターがいれば、具体的なイメージを心の中に持ち続けることができます。**また、メンターがいれば、何か困難に直面した時も具体的な助言をもらうことも可能です。

メンターと呼べる人との出会いは、一生のうちでもそう多くはないでしょう。

一生に何度かしかないその出会いを逃さないよう、お金持ちは社交的にさまざまな出会いの場に繰り出し、人との接触を繰り返しているのです。

# お金持ちは聞き上手を極めている

話上手は聞き上手なり——という言葉を聞いたことがあるでしょうか。

話がうまいといわれる人は、実は人の話を聞くのがうまいということを意味する言葉です。

実際にこちらが2割ぐらいしか話さず、相手に8割ぐらい話させた場合、相手はたいてい上機嫌で「あなたの話は面白かったです」などと言ってくれます。

本当は自分が沢山しゃべっていたのに、相手の話が面白かったという印象を持つのですから不思議な現象といえるでしょう。これが「会話の妙」なのです。

人は元来、自分のことが大好きですから、自分のことを話すのは気分がよいのです。自分の興味のあること、関心の高い分野であるほどそうなります。

**相手を無防備にさせて、何でも話させてしまうというのは相手を乗せるのが巧みな人です。ようするに、「話させ上手」「聞き上手」なわけです。**

相手の話に前のめりになって、ひたすらうなづき、当意即妙《とういそくみょう》に相槌《あいづち》を打ち、時にオウム返しで相手のセリフを復唱し、しきりに感心し、短い感嘆の声をあげ、「それでどうなりました？」と催促までされたら、相手の気持ちはコロリと緩み、どんな質問にもあけすけに答えるようになることでしょう。

**お金持ちほど、こうした「話させ上手」「聞き上手」が多いことにはとても驚かされるのです。**

近年では、ツイッターなどのソーシャルメディア上での「人々の会話」や「行動」をもとに業界動向やトレンドを調査したり、自社製品の改良を行う「ソーシャルリスニング」という手法がマーケティングではすっかり定着しています。

ソーシャルリスニングから生まれたサービスが成功していることを考えても、人々の何気ない会話や生の声にこそ、アイデアやヒントが隠されているわけです。

お金持ちは、雑談の中にある「生の意見の重要性」を知るからこそ、聞き上手になります。

**相手から質のよい情報を幅広く聞き出そうとしているのです。**

## ❖ピンポイント質問で、距離を縮める

ところで、聞き上手になるには、どうしたらよいのでしょうか。

それには、**まず上手に質問するクセをつけることです。**

相手は何に興味があるのか、どんなことについて語ると上機嫌になるのか——を見極めることが大事です。そこに質問を投げかけるだけでよいからです。

人は、**話をしている途中で、ある言葉を聞くと笑顔が弾けたり、何度も使いたがる独特の言い回しをしたりするものです。注意深く相手の言葉を聞き、そんなヒントを得たら、そこにピンポイントで質問するのです。**

ジャストミートすれば、たちまちそこから話題が広がっていくでしょう。

## 笑顔が弾ける「話題」にピンポイント質問！

★たちまち相好《そうごう》を崩して上機嫌に！

あらかじめ、相手のＳＮＳをチェックしておき、相手の好きなことを調べておけば、さらに話を盛り上げることもできます。

心理学の**「共通項・類似性の原理」**は、相手と出身地や好きなモノ、興味のあるモノが似ていたり、同じであることがわかると、「似た者同士」を意識して急速に親密感が湧いてくる現象で知られます。

相手と自分の好きなモノが同じという演出をすれば、それだけで相手との距離が縮まり、貴重な情報もどんどん話してくれるようになるはずです。

# 「噂話」をするかどうかで、お金に強いかがわかる

お金持ちには、他人の噂話が好きな人をあまり見かけません。
それどころか、噂話が始まると、それを避けるようにすっとどこかに消えてしまうような人が多いのです。

噂話が好きな人というのは、たいてい目立ちたがり屋です。自分の収集した情報に周囲の注目が集まり、それを肴《さかな》に騒いでもらうことで話題の中心人物になったような気がしています。噂話というのは、他人の負の側面や裏の顔といった、本人にとってスキャンダラスな内容であるほど耳目《じもく》を集めます。

真偽はさておき、「まさか」という意表を突く悪評であるほど、人々の好奇心をかき立てるからです。

**お金持ちは、こんな下品な噂話には関わらないようにしています。**

**噂話に加担したために自分の悪い評判が独り歩きすることがあるからです。**


他人の悪い風評というのは時と場所を選ばず、一気に拡散します。

いい気になって悪口を垂れ流している張本人だけでなく、噂話の輪の中にいた人に対しても悪評が生まれることが多いのです。「人の噂話をするのが好きな人」「陰口スピーカー」などという、よくない「レッテル」を貼られてしまいます。


お金持ちは、こんな現象を忌み嫌っています。

噂話がお金がらみだったりすると、とりわけ下品に見えます。

「他人をケチだとこぼしていた」とか「他人の金遣いをあれこれけなしていた」といった悪評は、その人自身の品性を疑わせます。


**たった一度でも、興味本位の噂話につき合っただけで、ビジネスにおいて大切な「信用」や人としての「品性」をなくすことを、お金持ちは知っているのです。**

## ❖「スルースキル」が、自分とお金を守る

ところでお金持ちは、噂話を聞かされた時の「賢い対処法」を知っています。具体的には、次のようなやりとりになるでしょう。

A「山田さんは、部下の鈴木さんとW不倫してるらしいよ。二人が新宿のラブホテルに入るところや、居酒屋デートまで目撃されて、間違いない話だってさ」

B「へーっ！　君の情報網はさすがだね。何でもお見通しでスゴイや。ところで、駅前にできたラーメン屋の評判がすごくいいけど、君、食べたことある？」

A「えっ？　駅前のラーメン屋？　あの、豚骨がメインの店のことかい？」

B「そうそう、スゴイ人気らしいじゃない。君の情報網にかかってない？」

このように、噂話が始まったら、相手の情報力や観察眼のみをすかさずほめるの

## お金持ちは「噂話」「悪口」のスルーが上手！

### ①悪口を言う人の「観察力」だけほめる！

### ②違う話題ですかさず「質問」する！

です。相手をまんざらでもない気分にして、すぐ別の質問に移るわけです。

**人は誰でも質問されると答えなければと、反射的に応じるクセがあります。**相手から尋ねられた質問に答えようとすることで、最初の噂話は飛んでスルーすることができるのです。お金持ちは日常生活で、意識的にこうしたテクニックを使い、ここぞという時にも対処が可能です。

**お金が絡んだ交渉事でも、質問をすり替えたり、自分に都合の悪いことは上手にはぐらかしたりと、自分を守るための対応術を身に着けているわけです。**

## お金持ち流「図太い人脈」をつくる方法

お金持ちは、人脈づくりに精を出します。

しかも、できるだけ自分と同じくらいか、それ以上にお金を持っている人——といった「お金持ち人脈」を増やすことが好きなのです。

**お金持ちにとって望ましい人脈とは、自分が困った時に手を差し伸べてくれる人、つまり助けてくれる人です。**たとえば、事業で失敗した時に、経験則に基づいたリアルなアドバイスをしてくれる人や必要な専門家をすぐ紹介してくれる人、時にはお金を融通してくれる人といったイメージです。

人は、文字通り寄り添って生きています。一人では生きていけません。

**お金持ちになって人生を謳歌するには、どうしても質の高い人脈が必要なのです。**

こんな逸話があります。

アメリカの大富豪のジョン・P・モルガンのもとに友人がお金を借りにきました。モルガンはすかさずこう言いました。「金は貸さないけれど、君と一緒に歩いてやろう」。そして、2人でウォール街を歩いているうちに、友人は信用を得た結果、金を貸そうという人たちと出会えたというものです。

この話は、質の高い人脈が、いかにさまざまなものを与えてくれるかを示したよい例でしょう。だからこそ、**お金持ちは自分を次のステージに上げてくれるお金持ちをこよなく愛しているのです。**

## ❖殺し文句で、相手の心と身体を動かす

質の高い人脈をどうやって手に入れたらよいかわからない——という人も多いでしょう。お金のなる樹（人脈）を手に入れるには、まず会って話をすることから始まります。**「これは！」という人を見つけたら、何度でも、直接会うようにするこ**

とが重要なのです。

**会う回数が増えて安心するほど、人は人に対して好意を抱きやすくなります。**

緊張も解けてきて、気兼ねなしに頼み事をできる関係にも発展するのです。

心理学では「**ザイアンスの法則**」が知られます。**人は単純接触を繰り返し、人間的側面を知ると仲よくなっていきます。**接触を繰り返すためには、会話の最中に次に会う口実を見つけて、約束を取りつけなければいけません。

「来週お会いする時に用意しておきます」「この続きは明後日にしませんか?」などは、お金持ちがよく使う〝次〟につなげる殺し文句といってよいでしょう。言われたほうも悪い気はしないはずです。

こうして何度も約束を取りつけていくことで、心理的距離を縮め、一緒に何かを体験する提案につなげます。

お金持ちは、モノの消費には淡泊ですが、「コトの消費」には糸目をつけません。

たとえば、**面白い体験というコトの消費は、人脈づくりと関係が深いのです。**

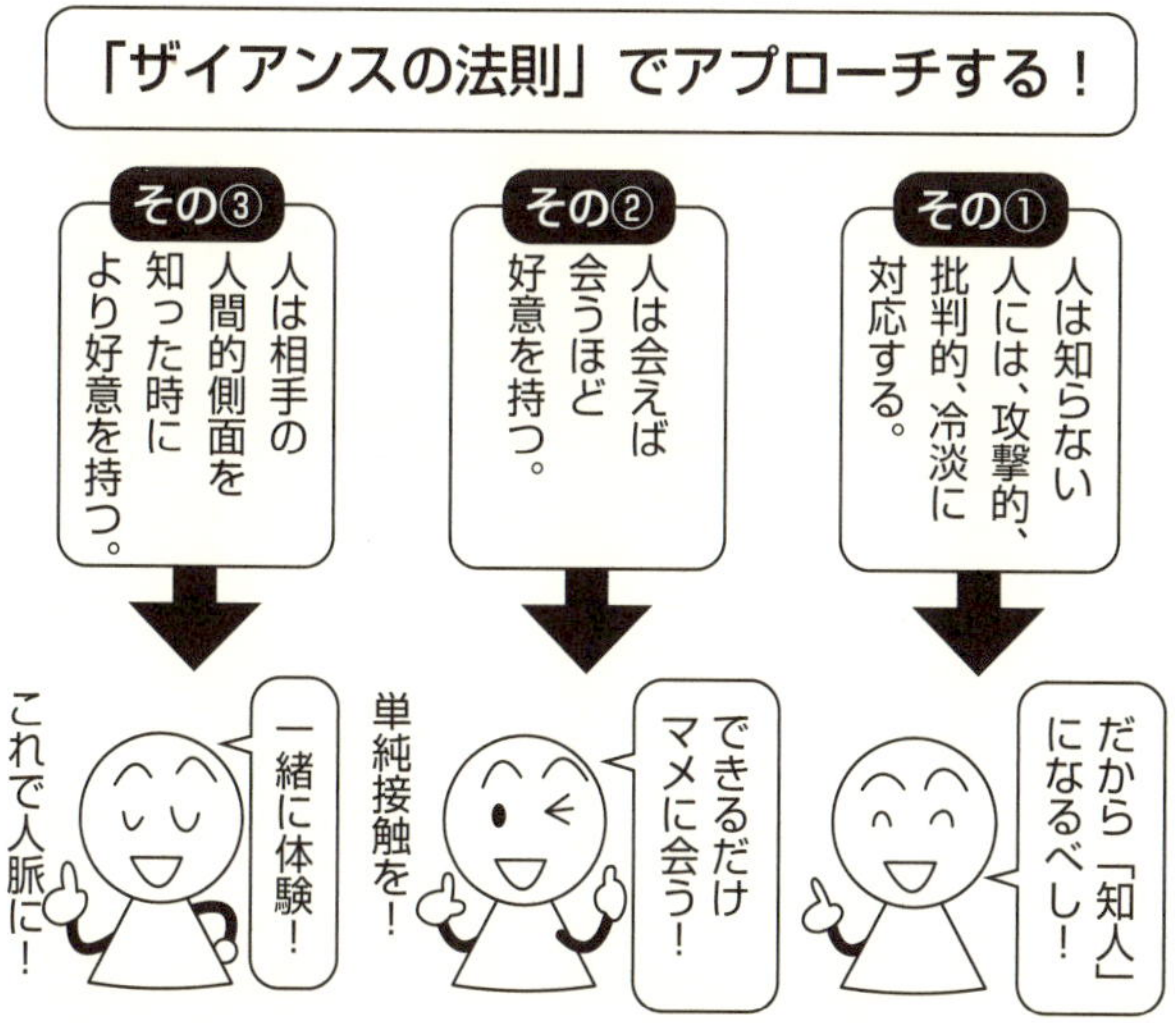
「ザイアンスの法則」でアプローチする！
その①
人は知らない人には、攻撃的、批判的、冷淡に対応する。
だから「知人」になるべし！
その②
人は会えば会うほど好意を持つ。
できるだけマメに会う！
単純接触を！
その③
人は相手の人間的側面を知った時により好意を持つ。
一緒に体験！
これで人脈に！

「来週の木曜日、赤坂のおしゃれなワインバーに一緒に行きませんか」

「銀座にフグの美味しい店を見つけたんです。週末にご一緒しましょう」

これがお金持ちが仲よくなっていく時の常套《じょうとう》手段です。

名刺交換だけでは、けっして仲よくなれません。

いつでも自分からボールを投げて、誘うことで、話題に花が咲くのです。

**一緒に何かをしたという「コト」の共有体験が、人間関係をぐっと濃密にすることをお金持ちはよく知っているのです。**

# 「すみません」と言うとお金が逃げていく

「すみません」というフレーズは、実に便利な言葉です。

「ちょっと、すみません」と誰かを呼びとめる時にも使えますし、ちょっとしたミスや失敗の時には、「ホントにすみませんでした」などと謝罪の意味でも使えます。

しかし、**謝罪の時にこのフレーズを使うと、軽いムードが漂ってしまいます。反省の気持ちが、言葉に十分込められているようには感じられないからです。**

「ごめんね」と同等の軽さが感じられます。

親しい間柄なら、「すみません」や「ごめんなさい」でよいかもしれませんが、ビジネスの場で使うには憚《はばか》りがあるのです。

**謝罪の言葉に「すみません」を使うと…**

**もっと怒らせます！**

また、呼びかけで使う場合も、注意が必要です。

「すみません」の一声で、相手が気づいてくれればよいのですが、気がついてくれないと「すみませーん！」「ちょっとーすみませーん！」などと、同じセリフの連呼が続いてしまい、明らかに横柄な響きさえ漂ってくるからです。

こんな時には軽く手を上げて、相手に気づいてもらえるように「お願いします！」と呼びかけたほうが、品格を感じさせます。「すみません」の呼びかけは、上から目線の響きがあるからです。

上司への謝罪にも「すみません」を連発すると、相手を苛立たせます。「おい、謝罪の言葉は申し訳ございませんだ！　すみません、などと子供じゃあるまいし、いいかげん改めろ！」などと一喝されたことのある方もいるでしょう。

**社会人になったら、「すみません」の口癖を封印しなければなりません。でないと、あなたの人格が下がってしまうからです。**

## ❖学生言葉を変換しよう！

お金持ちになる人は、若い頃からこうした言葉の使い方には敏感です。言葉が軽かったり、ぞんざいな響きがあると、「そういう人物」として相手から見くびられるからです。学生時代に馴染んだ若者言葉もＮＧです。次のような言葉の変換例を見て、改めておくとよいでしょう。

★若者言葉を「品格あるお金持ち言葉」に改める変換例★

※「私的には〜」→「私としましては〜」※「何気に〜」→「何気なく〜」
※「見れる・食べれる」→「見られる・食べられる」※「ウザイ」→「面倒な」
※「ぶっちゃけ〜」→「包み隠さず」※「ってゆーかー」→「というべきか」
※「キショイ」→「気持ちの悪い」※「ヤバいです」→「すごいです」
※「〜のほうはよろしかったでしょうか」→「こちらでよろしいですか？」
※「それって」→「それは」※「参考に致します」→「勉強になります」
※「それは知ってます」→「それは承っております」
※「わかりません」→「存じ上げません」※「無理です」→「致しかねます」
※「了解です」→「承知しました」※「ぜひぜひ」→「差し支えなければ」
※「ゴルフをおやりになるんですか？」→「ゴルフをなさるんですか？」
※「上司に申し上げておきます」→「上司に申し伝えます」

column 3

## 「お金持ちになれる」という商法の裏側を見極めておこう！

　デフレ脱却を目指すという日銀の金融緩和は、マイナス金利政策に至るまで拡大されています。

　ここ十数年の低金利を背景に、不動産市場では面白い現象が起きています。年収500万円のOLが、銀行から1億円の借金をして（年利2％・30年）、中古マンション1棟（法定耐用年数は鉄筋47年）を購入すると、年間の家賃収入860万円で、年間の返済額が440万円となり、差し引き420万円のキャッシュフローが生まれ、年収500万円のOLは年収920万円の小金持ちOLに変身できる――といった不動産投資法です。

　書店の不動産投資本コーナーに行くと、こうした手法が盛んに喧《けん》伝《でん》されています。家賃年収5000万円、1億円などと表紙で標榜している著者は、一見お金持ちに見えますが、総資産は膨らんでも大部分はまだ負債という状況です。

　最終的にローン返済が完結するか、途中で資産を無事に売却できてはじめて本物のお金持ちにもなれるわけですが、空室が増えて想定した年間家賃収入が見込めなくなると資金ショートも大いにあり得る話なのです。

　また、「サラリーマンやOLでも、頭金ナシ・土地ナシでも、ローンでアパートやマンション経営ができます」などと建築メーカーや不動産会社が、新築を建てさせようという宣伝も盛んです。こちらは新築なので、30年間一括借り上げのサブリース契約つきで安心とも謳います。実際には、家賃がもともと低く設定され、契約見直しでどんどん下がり、修繕もバカ高く、購入時のメーカーに頼まないと契約を打ち切られる仕組みです。安普請の建物を高く売るのが、建築メーカーの本来の目的なので、契約は早く打ち切りたいからです。

　こうした事例は、簡単にお金持ちになるには、手っ取り早い方法にも見えます。しかし、人口減少という需要の低下で、将来の出口を見出せない可能性もあります。

　チャレンジするには、成功事例と失敗事例の研究を怠りなく、いざという時、自己破産する覚悟で臨むくらいの気概が必要です。

# 第4章

# お金に好かれる「習慣」

# メモの習慣が「お金とのつき合い方」を変える

お金持ちの人たちと接していると、面白いことに気づかされます。

それは、意外にも〝メモ魔〟が少なくないことです。

**いつでもどこでも、積極的にメモを取るのです。**

メモを取ることが、まるで生活習慣の一部になっているかのようです。

メモをする習慣がない人から見れば、いつも手帳とペンを持ち歩いている姿は理解不能かもしれませんが、メモの効用は計り知れません。

**メモを取る習慣があると、自分の心をいつもクリアに安定して保てるからです。**

精神療法として有名な「森田療法」では、心の病に悩む人に対して日記をつけることを勧めています。

**「書き出すこと」によって、その日の出来事を振り返り、さらに自分の考えを整理し、それを自分の内面的な成長に役立てることができるからです。**

自分の思ったことを瞬時に書き留めるメモには、日記と同じような効用が望めます。メモに残した内容が自分を客観化させ、自己成長を促すことへもつながるのです。

心を常にクリアに保ち、穏やかな心境でいられれば、大事な交渉や打ち合わせにも落ち着いて臨めることでしょう。

## ❖メモは「信頼関係」と「アイデア」を生み出す装置

こんな習慣の人は、誰かと話している時や講演会、勉強会などでは、メモ帳とペンを忘れません。特に、打ち合わせや商談で目の前に相手がいる時は、メモを取る要件や必要がなくてもメモを取るそぶりさえしています。きっと、真摯な態度に見える効果を狙っての、相手と信頼関係を築くためのポーズなのでしょう。

「へぇ～、そうなんですか！」「知らなかったなぁ」などとつぶやきながら、メモを取るわけです。

こうして、熱心に自分の話に耳を傾けてくれる態度に、悪い印象を抱く人はいません。

できる営業マンは、お客と商談中に重要な案件や契約に関する大切な話を記録しています。

どんなにメモしても損はしないからです。

**メモを取る行為が、相手に責任感を感じさせることにもつながるでしょう。**

もちろん、相手の出身地や年齢、家族構成、学歴、勤務先の人間関係といった個人情報が話題になっている時には、メモは取りません。

相手がまるで事情聴取を受けているような感覚になるからで、これは気分を害します。個人情報に関わる話題になった時は、意図的にメモとペンを机の上に置くほうが「信頼できる人」に見えるでしょう。

ちなみに、**お金持ちの人には〝朝メモ〟の習慣を持つ人もいます。**

**お金持ちはメモを取る姿勢で信頼を得る！**

**★メモされる側も「いい気分」になる！**

脳科学の知見では、朝起きた時から、2時間余りが、脳がリフレッシュされて、最もよいアイデアが浮かぶ時間帯とされています。

これを知っているお金持ちは、ベッドのわきにメモ帳とペンを必ず置いています。家中にメモ一式をスタンバイさせている人もいるほどです。

時と場所を選ばず、泉のように湧き出たアイデアをその場で瞬時に記録しようというわけです。

あなたも、メモを頻繁に取る習慣を取り入れてみてはいかがでしょうか。

## お金にモテる人は、「月イチ初体験」を始めている！

お金を稼げば稼ぐほど、幸福になれる――と思ってはいないでしょうか。

実は、それは間違いという説があります。プリンストン大学のアンガス・ディートン教授の有名な実証研究「収入と幸福感」に関する調査がそれを裏づけているのです。

**年収が7万5千ドル以下の人だと、収入が増えるにしたがって「喜び」や「満足感」も比例して高まるのに対して、7万5千ドルを超えると、「沢山稼いだからといって必ずしも幸福感は増えない」というのです。**

これはもちろん、日々の満足感や幸福感に関するデータですから、人生の満足度とは異なります。

## 幸福感や満足度の「しきい値」は年収約800万円!

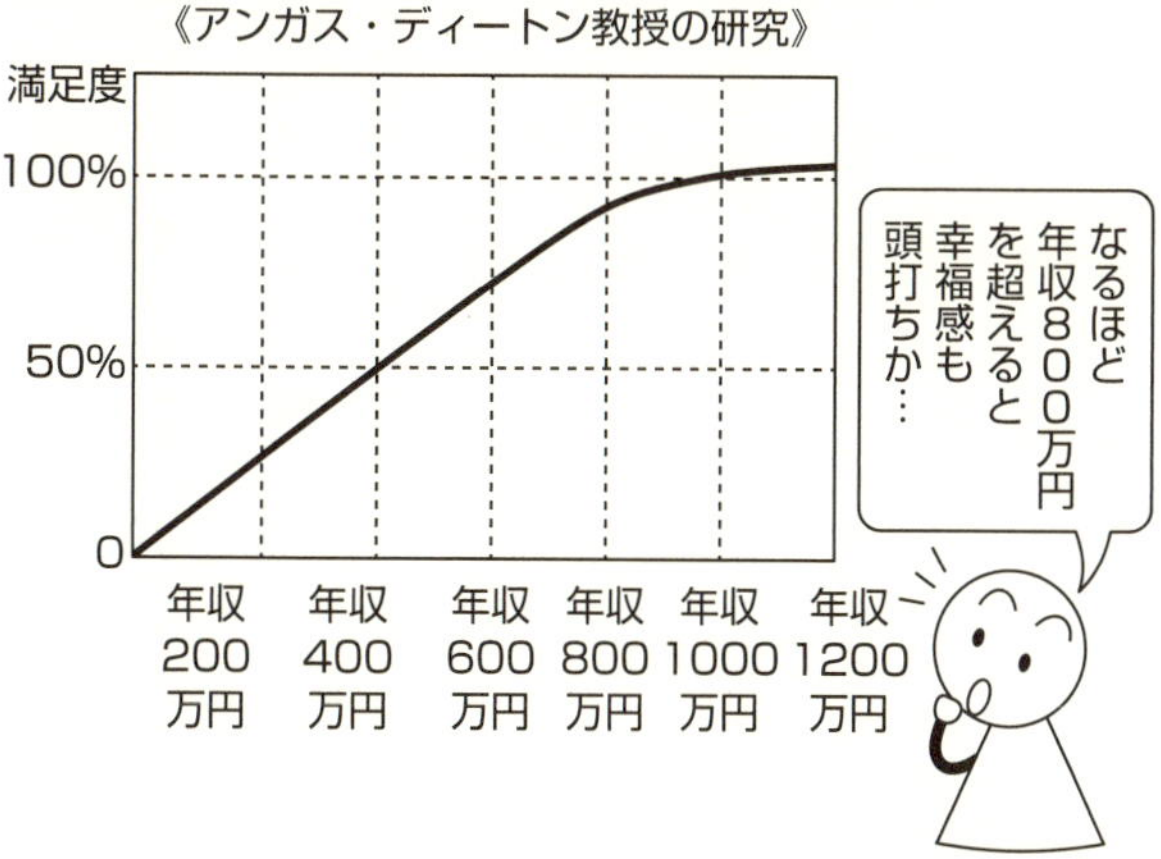


このことは実際に年収1000万円や2000万円を稼いでいる人に、尋ねてみるとよくわかります。

年収が300万~500万円だった頃は、確かに年収が上がるほど嬉しかったものの、年収が800万円や900万円を超えると、それほど嬉しいとも感じなくなっていた——という人が多いからです。

お金持ちになると、買い物などの単純な消費行動では、ストレートに喜びや満足感を得られなくなります。**お金持ちが喜びや満足感を味わえるものは、「新しいこと」「経験のないこと」などに替わっていくのです。**

「はじめて」ということが刺激的で、「まだ見ぬ自分」に出会えるからでしょう。

## ❖「はじめての経験」が、お金を呼び込む

**「はじめての経験」は、喜びをもたらすだけでなく、自分自身の成長にも通じます。**

お金持ちは、このことを知っているだけに、できるだけ意識して「新しい経験」を積むようにしているのです。あるお金持ちは、月に1回は「はじめて」のことを経験するべく、自分にノルマを課しているとさえ語っています。

毎月、小さなことでも定期的に〝初体験〟を積み重ねると、新しいモノの見方が形成されるというのです。自分の成長を実感でき、ある日突然、大きく成長した自分を感じられる時が訪れるのです。

人は新しい体験や見たことがない珍しいものを見ると、興奮します。

興奮すると脳内でドーパミンが分泌され、脳はその新しいこと（体験）を「楽しい」「面白い」「興奮する」と記憶に刻み込みます。

何かの拍子にふとそれを想起されると、再び興奮や感動がよみがえるのです。

「また、やりたいな」と思ったり、今度はさらにアレンジした体験をしたくなったりするでしょう。どんどん体験の幅を広げたくなるわけです。

こうした感動の経験値が上がると、物事に失敗した時にも教訓として役立ちます。

気分転換が早く行えることに加えて、失敗さえも柔軟な価値観でとらえられるため、容易に乗り越えられるのです。

**何か新しいことに挑戦しなければ、自信も学びも得られません。**

**だからこそ、お金持ちは「はじめての経験」にこだわります。**

お金に不自由しなくなって安心し、出不精になったり、マンネリズムの生活に陥ったりしていてはいけないわけです。

**月１回の初体験を自分のイベントとして取り込む習慣が不思議な妙薬となり、新しい自分をつくり出します。**

あなたも、自分にノルマを課して「月イチ初体験」にチャレンジしてみましょう。

## 「ながらランチ」が貧乏体質をつくる

お金持ちで、「ながらランチ」をする人は珍しい存在です。

ながらランチとは、「〇〇しながらランチ」の略で、本を読みながら、スマホを見ながら……といった「一人飯」の時に代表される食事作法のことをいいます。

誰かと一緒の昼食であれば、お互いの会話が中心になるので、ながらランチになることはないでしょう。しかし、一人飯の場合、どうしてもそうなってしまうのです。

お金持ちはながらランチをしない、とはいったいどういうことでしょうか。

お金持ちは一人飯をしないということなのでしょうか。

その通りです。**お金持ちほど、一人飯はしなくなる傾向にあるのです。**

それは、ランチこそ「人間関係を円滑にする絶好の場」ということを、お金持ちは知っているからです。

**お金持ちには、「時間とシチュエーション」を味方につけることが上手な人が多くいます。時間帯やシチュエーション、その時の状況を見極め、今何をするのが一番効率がよいのか、今何をすべきなのかを意識しているわけです。**

きっと、「これを今行うことが、生産的か否か」という感覚がいつでも即座にはたらくからでしょう。

たとえば、お金持ちには朝の時間を集中的に読書にあてる人もよくいます。脳が活性化し、集中力も高い朝に本を読めば、脳に効率よく情報を取り込めるからです。

昼食は、時間とシチュエーションを最大限生かすという観点で考えると、取引先や同僚などとの関係を深めるのに適しています。

すでに「お金持ちは、朝食会で〝初対面の相手〟との仲を深める」とお伝えしましたが、昼食の場は、すでに「知りあい」の取引先や同僚などとの「懇親」にあてる傾向にあるのです。朝食会などでの「出会い」や勉強会の位置づけとは異なり、**昼食は日常的な懇親を兼ねた情報交換の場とすることが多いのです。**ランチタイムの気軽さもあって、会社の近くで交流できるからこそ時間の有効活用も図れます。

ご承知の通り、モノを食べている時には、相手に対して肯定的でありたいという心理がはたらきます。心理学では「ランチョン・テクニック」と呼ばれますが、この効果も手伝って、ランチタイムの共有が良好な人間関係醸成の場として役立てられるわけです。

## ❖ランチも「仕事」と割り切る感覚を持っているか

「ながらランチ＝一人飯」になってしまうのは、ランチを重要な時間と考えない日本人特有の感覚のせいかもしれません。

欧米には、「パワーランチ」といういい方さえあります。昼食の場を使って大事な商談を行い、契約まで一気にまとめてしまうことをいいます。

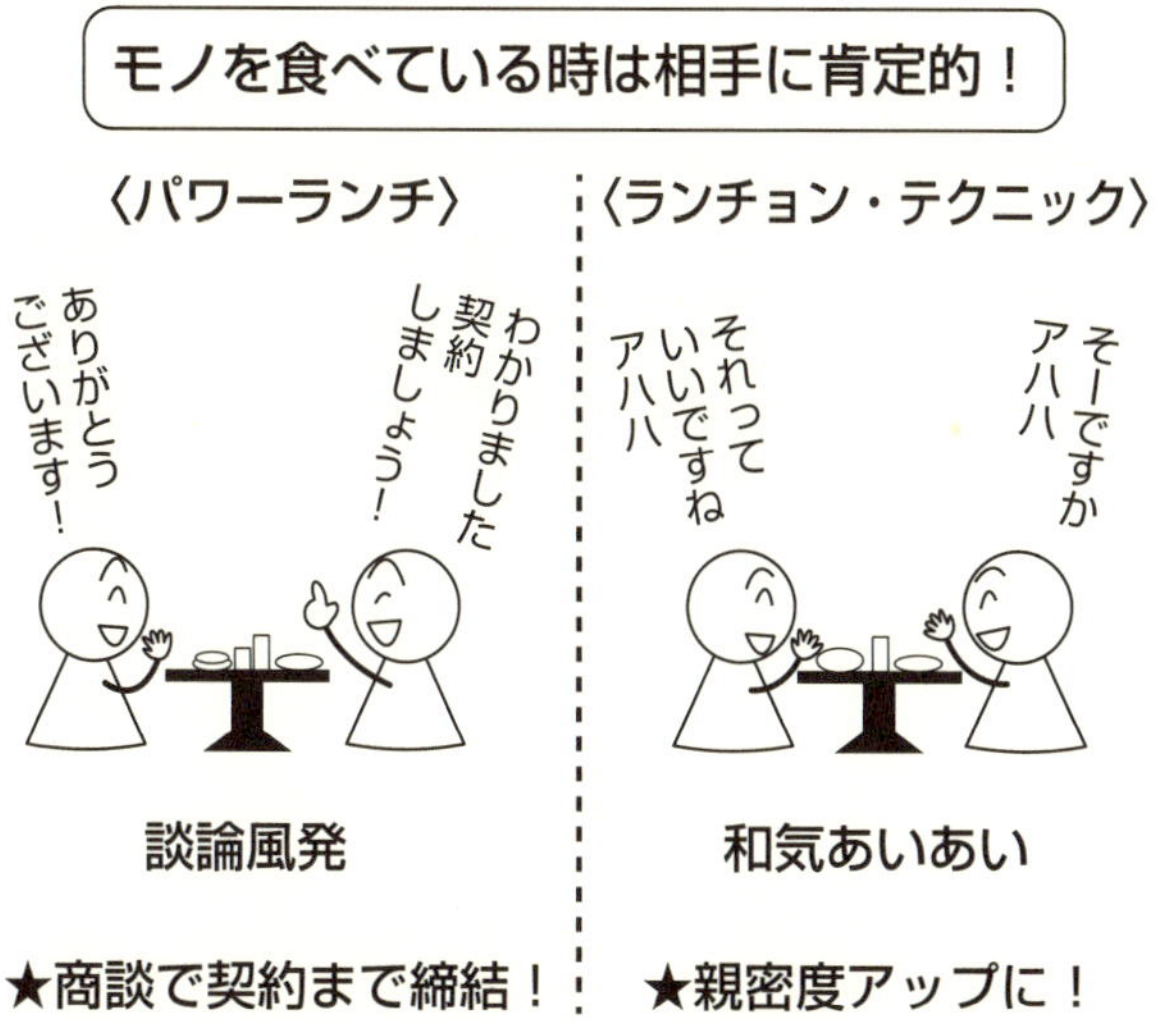
モノを食べている時は相手に肯定的！
〈パワーランチ〉
わかりました
契約しましょう！
ありがとうございます！
談論風発
★商談で契約まで締結！
〈ランチョン・テクニック〉
そーですか
アハハ
それっていいですね
アハハ
和気あいあい
★親密度アップに！

**欧米のビジネスマンは、昼のランチをコミュニケーション形成の重要な機会と割り切って、数日前から毎日ランチの予定を組み込んでいきます。**

すべては、仕事を円滑にするための段取りです。

欧米人にとっては夜は家族の時間で宴会の習慣がありませんから、ランチタイムは貴重な仕事の一環になりやすいのです。

日本でも、大企業のトップなどの「ランチタイム」は、パワーランチになることが多いでしょう。**食事は、交渉事をまとめる上での大きな助けになってくれるからです。**

## 「分散睡眠」が結果もお金も引き寄せる！

お金持ちは、いつも十分な睡眠を取ることを心がけています。

**睡眠こそが疲れを取り、体力を温存してくれて、脳の活性化をもたらしてくれるものであることをよく知っているからです。**

とりわけ、朝目覚めてからの2時間は「脳のゴールデンタイム」と呼ばれ、その日の計画を練ったり、商談の作戦を立てたり、大切な書類を整理するのにこの時間をあてている人も多いのです。脳が猛烈に活性化してくれているからです。

お金持ちは例外なく早起きです。年寄りになって、睡眠が浅くなったという理由ではなく、若い時からの習慣で起床時間が早いのです。

朝のゴールデンタイムを十分に生かすべく、前の晩には早く寝るクセができています。しっかり睡眠を取り、ゴールデンタイムを最高のものにしようとするからです。

しかし、毎日十分な睡眠が取れるとは限りません。

夜遅くまでのつき合いがあったり、海外出張で時差ボケに見舞われることもあるからです。朝の目覚めが必ずしも快適であるとは限らないわけです。

こんな時は脳も十分にはたらきませんから、ひたすら睡魔と戦わなければならなくなります。こんな時に、お金持ちが積極的に試みるのが昼寝です。

今は就業中に「昼寝タイム」を導入する企業もあるぐらいですが、昼寝の効用は昔から指摘されている通りで侮《あなど》れないものがあるのです。

## ❖昼寝は、ここぞというときに！

著者の知人で外資系コンサルティング会社に勤める女性も、就業中に昼寝をすることを積極的に実践していると話してくれました。彼女は、長時間考えてもよいアイデアが浮かばない時には、昼寝が一番ととらえています。大きなプレゼンの前などでも、「ここぞ！」の睡眠が生きるそうです。大事な時に昼寝などしていてはあとの仕事に悪影響が及びそうですが、**昼寝をした時ほどよい結果になると自信満々なのです。**

**これは、認知心理学での「レミニセンス効果」がはたらくからと考えられます。**

一般的に記憶は、時間の経過とともに薄れることが知られています。これは「エビングハウスの忘却曲線」という実験結果にも裏づけられています。しかし、レミニセンス効果がはたらくと、「記憶した直後」よりも「一定時間経過後」のほうが「記憶」がよく定着するのです。

時間をかけて何かに取り組んでいると、集中力が低下したり、飽きてくるなど、記憶を阻害する要因が増えてきます。そのため、途中で休息を取ったり、睡眠を取ったほうが脳の記憶が整理され、記憶阻害要因が軽減されるのです。

**昼寝をしたあとに目を覚ますと頭がスッキリしますが、人間は昼寝をすることでパフォーマンスが上がるのです。**そういう意味で、お金持ちは昼寝の達人です。

## レミニセンス効果で勝負に挑む！

★ほんのわずかな昼寝が脳も身体もリフレッシュ！

いつでもどこでも、睡眠を取るべく心がけているからです。**「無駄に眠るより、その時間を仕事に集中すべき」といった考え方では、フレキシブルな自己コントロールもできません。**

スペインやイタリアなどのラテン諸国のシエスタ（午睡）は有名ですが、サーカディアンリズム（体内時計）でも、起床後6時間後ぐらいに昼寝をするのが一番よいとされています。ほんの少しでも、脳の疲労が回復するからです。

あなたも、日中の仕事時間に「分散睡眠」を取り入れてはいかがでしょうか。

## お金持ちは「家計簿」をつけない

お金を貯めるためには、家計簿をつけましょう——ということが、よくいわれます。収入と支出をきっちり記録すると、どこに無駄な支出があったかが、よくわかり、反省材料にもなるからです。

しかし、毎日いちいち家計簿をつけるのは、非常に面倒な作業でしょう。三日坊主で終わった、1か月として続かなかったという人もよくいます。

その日の買い物のレシートを広げて家計簿に記録していくことは、実際にやり始めると、想像以上に煩わしい作業だからです。家計簿アプリでもそうなのです。しかし、家計簿をつけないと、支出はアバウトになります。

月の半ばくらいになっても、今月はどれぐらいの支出をしているのか、わかりません。

いつもより支出が多いのか、少ないのか、見当もつかなくなるのです。

そして、月末になって預金残高が大幅にマイナスになっていることに気づいて慌てます。月の収支が赤字になった原因をあれこれ考えますが、すぐにはわかりません。そうか、今月は外食が多かったからだ、スマホを新しくしたからだ、新しいバッグを買ったからだなどと、ようやく原因に思いあたります。

家計簿をつけていないと、支出に適切なブレーキが利かなくなるわけです。

**ところで、お金持ちは家計簿をつけません。**

**それは、収入がたっぷりあるからではありません。生活用のクレジットカードを1枚に定め、できるだけカード払いにするからです。**

自分のカードでの支出は、カード会社のＷＥＢサイトで見ることもできます。電話で教えてもらうことも可能です。

すなわち、このカードが家計簿の役割を果たし、カードを使うほどにポイントや航空会社のマイルも積算されます。

## ❖時間を節約できない人は、お金も節約できない

お金持ちは、自分に正直です。

面倒なこと、煩わしいことに、時間を取られることを嫌います。

イヤなことに向き合わなくても済むように考え工夫するのが、お金持ちの、お金持ちたるゆえんだからです。時々、カード会社のWEBサイトを見るだけで、その月の生活支出がわかる便利な時代なのですから、そもそも家計簿はいらないのです。

**あなたも日常の生活費に関しては、金額が小さくてもカードで支払う習慣を身に着けたほうがよいでしょう。**家計簿をつける手間が省け、ポイントやマイルも貯まるからです。

そもそも「収入∨支出」の関係を維持しなければ、「収入∧支出」では家計は赤字になります。しかも、節約は大きな金額で実践しなければ、効果がありません。

クレジットカード１枚で家計管理！

★マイルやポイントも貯まります！

一般的にいえることは、

**①家賃を圧縮する（安い家に引っ越すと水道・光熱費も下がる）。**

**②生命保険を解約し、共済に加入する。**

**③スマホを格安のものに替える。**

**これらの３つを改善するだけで、毎月数万円単位の余剰金が生まれます。**

こうした余剰金を沢山生み出し、まとまった投資のタネ銭をつくることが重要です。

まずは、50万円、１００万円のタネ銭をつくることです。一代でお金持ちになった人たちも、最初は皆この段階からスタートしています。

# あえて新聞を読まないほうが成功する

お金持ちには、複数の新聞を講読している人が多くいます。

一般紙と経済紙を取り混ぜて、3～4紙を併読している人が多いのです。

しかし、じっくり、読み込んでいるかといえば、まったく違います。

**1紙あたり2～3分で、見出しだけ追いかけて紙面全体を俯瞰《ふかん》して見るだけです。**

つまり、流し読み、「ザッピング読み」です。これで複数紙でも20分もかけずに読了となるのです。途中で気になる解説記事などがあると、しばし目を落とすぐらいです。

お金持ちが複数の新聞を講読しているのは、**ニュースもさることながら、世の中の論調、記事の扱いスペース、書籍をはじめとする広告記事により、世の中の動きに対してアンテナを張り、世間の動向をつかむためのツールとしているからです。**

新聞が従来持っていたニュースの速報性は、今やテレビやWEBニュース、SNSなどに後塵《こうじん》を拝しました。今は、新聞ならではの「一覧性」が重宝されているわけです。

つまり、1頁全体をサッと見出しだけ眺めればこと足りるからです。これは、電子版ではなかなか面倒な作業でしょう。紙版の新聞は、政治、経済、産業、スポーツ、文芸、娯楽、株価情報、金融情報……など、情報の宝庫なのです。

**いわば、情報のデパートとして、自分の興味のあるところを中心に、見出しで世の中の流れを追うのに大変便利な存在が新聞なのです。**

ちなみに、お金持ちだけが新聞を流し読みしているかというと、これも間違いです。多くの年代の人が、5～15分程度しか新聞を読んでいません。

新聞購読率は年々減少し、今や20代の若者で新聞を講読している人は1割しかいないのです。

そういう意味でも複数紙を講読するお金持ちは稀有な存在です。

## ❖ザッピング習慣こそ、効率的な情報収集に欠かせない！

お金持ちならではの新聞の読み方をもう少し紹介しておきましょう。

**新聞は、大見出し・小見出し、リード、本文と概ね3つから構成されています。**
**先に見出ししか読まないとお伝えしたのは、大見出しと小見出しにあたります。**

もちろん、「おや？」という記事に出くわしたらリードにも目を向けます。

さらに、「これは！」と思う内容に思えたら、本文にもあたります。

こういう読み方でも、飛ばし読みなので全部合わせても2分もかかりません。

すると、そこに書かれている内容は概ね理解できるのです。

その他にも、お金持ちは意外な記事からも話題のネタを拾います。

**※読者投稿欄……一般の人の意外な感性に富んだ情報が潜んでいる。**
**※週刊誌や書籍の広告……世の中の深層心理や流行・世情が見て取れる。**

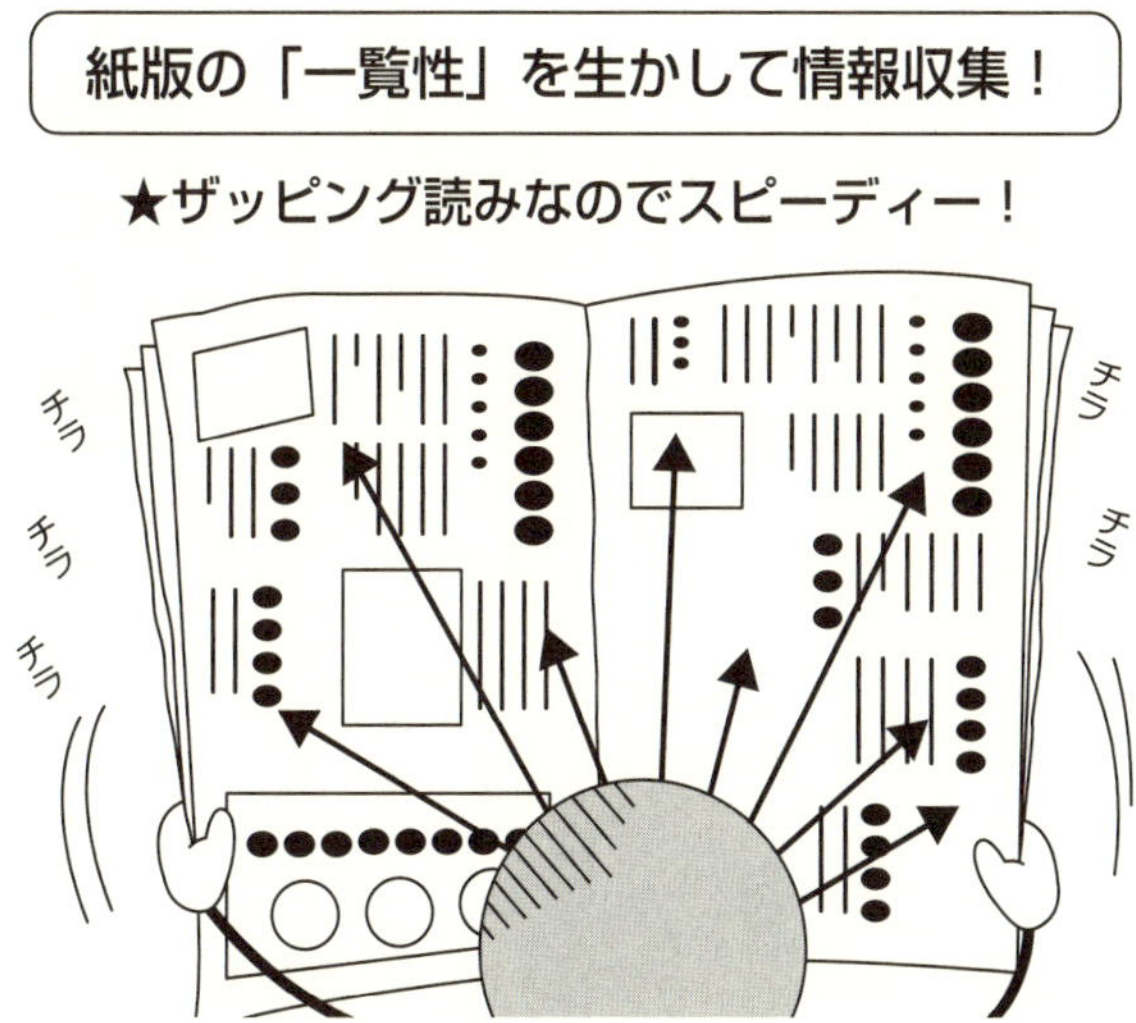


※国際情勢……紛争やテロなどの危険、為替動向の読みに生かせる。
※企業情報……新製品や提携、開発、業界動向を把握できる。

なお、テレビを観ている時も、「ザッピング」をお勧めします。

ザッピングをする人は、心理学的には欲求不満型といわれますが、あちこちチャンネルを変えることで、思ってもいなかった発見や知見に出会えるからです。

こんな習慣を取り入れて、効率よく情報収集しましょう。

# お金持ちは「英会話」より「筋トレ」重視

出版業界では、英語本や英会話本には一定のニーズがあることが知られています。グローバル化の掛け声とともに、日本人にとって英語というのは、ますますコンプレックスを刺激する、表と裏の関係になっていることが窺えるのです。

そのため、英会話学校に高い入学金や授業料を払って通う人や、毎日スカイプで激安フィリピングリッシュの習得に勤しむ人も絶えないわけでしょう。

すでに、社内公用語を英語にする会社まで登場しています。

英語ができないと、「落ちこぼれ」——という強迫観念ばかりを植えつけられる昨今になっているのです。

**しかし、お金持ちの中には、公然とそんな風潮に背を向ける人も少なくありませ**

**ん。自分が英語を使う環境にいないのに、英語を勉強するのは〝今さら感〟が強いからです。**

英語を学ぶ意味がないのですから当然でしょう。

しかも、お金持ちは、すでに雇われの身を卒業している人が多いのです。ゆえに、勤め人と違って、会社の上層部から英語習得の圧力がかかることもありません。英語に対するコンプレックスも、モチベーションも湧かないわけです。

それよりも、**独立して商売をしているお金持ちの人は、自分の健康が何より大事です。**

**ゴルフやストレッチ、筋トレといった身体を動かす運動のほうに、興味が強いのです。**

英語圏の人との商売に勤しむならともかく、この日本の、まだ1億2千万人いる市場で商売をする限り、英語は必要ないということのほうが大きいでしょう。英語より運動、ひいては健康が何より重要ということなのです。

## ❖「費用対効果」から習慣を決める

そもそも、お金持ちになる人は合理主義者です。
投資でも、ビジネスでも、「費用対効果」を重視します。
物事に費やす「お金」「労力」「時間」が、結果としてどのくらいの効果をもって返って来るかを考えるのです。

英語の勉強は、日本にいていくら頑張っても、しょせんは日常会話ができるようになるレベルということをお金持ちは見切っています。

欧米人と英語で交渉したり、契約書を交わしたりといったビジネスイングリッシュの領域には、とてもとても届かないわけです。米国の大学を4年間で卒業して、ようやくどうにかなるレベル――というほど、英語レベルの到達点はお寒い限りなのです。

日本人は、欧米人と英語でやり取りをしている日本人の姿を見ただけで、「スゴ

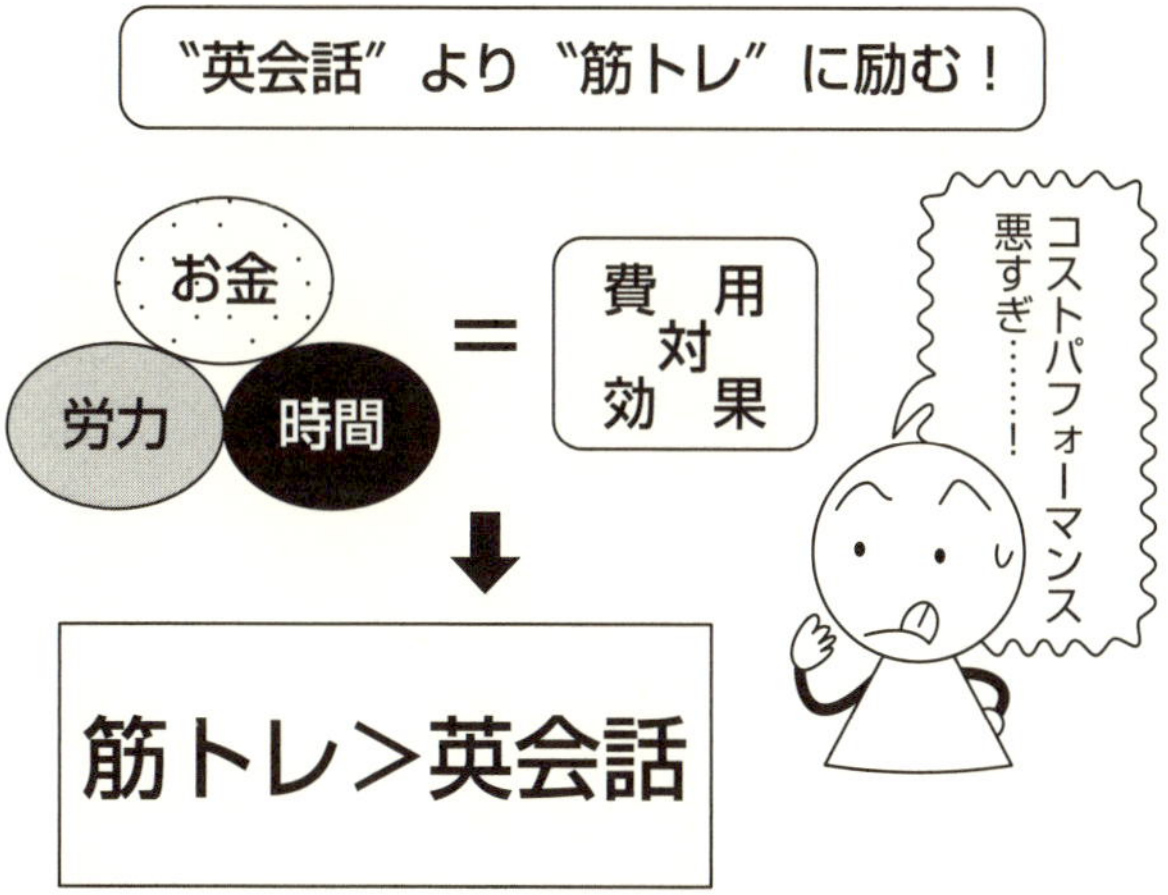


★「英会話学習」は費用対効果が小さすぎる！

イ！　この人、英語ができるんだ！」などと感動しますが、会話の内容は、道案内、食べ物の紹介、お店の案内、家族の紹介レベルの会話しかしていないことに気づくべきでしょう。

日本人が、ビジネスイングリッシュを縦横無尽に駆使できるようになり、外資系金融機関に属せるぐらいの実力を身に着けるには、とうてい「費用対効果」が合わないことをお金持ちはとっくに悟っているわけです。もともと英語が好きだったなら、習熟も見込めますが、そうでない人は合理性を重んじるほうが得策なのです。

## 「歴史モノ」を読む習慣がお金を呼ぶ！

お金持ちには「歴史好き」が多いものです。

**日本史、アジア史、世界史、企業史、産業史……と過去の出来事から、今に通ずる教訓を学ぼうとする思いが強いからでしょう。**

**歴史を眺めると、人や国の興亡がよくわかります。**人間は有限の存在なので、勢いよく成長し、満つればやがて衰亡していきます。

国もまた同じで、繁栄はいつまでも続きません。こうした歴史に通じていると、「無常観」が養われるのです。

お金持ちになる過程では熱く燃えていても、お金持ちになってしまうと案外クールダウンして、資産ができるだけ子孫の代まで減らないように――と考えて相続税

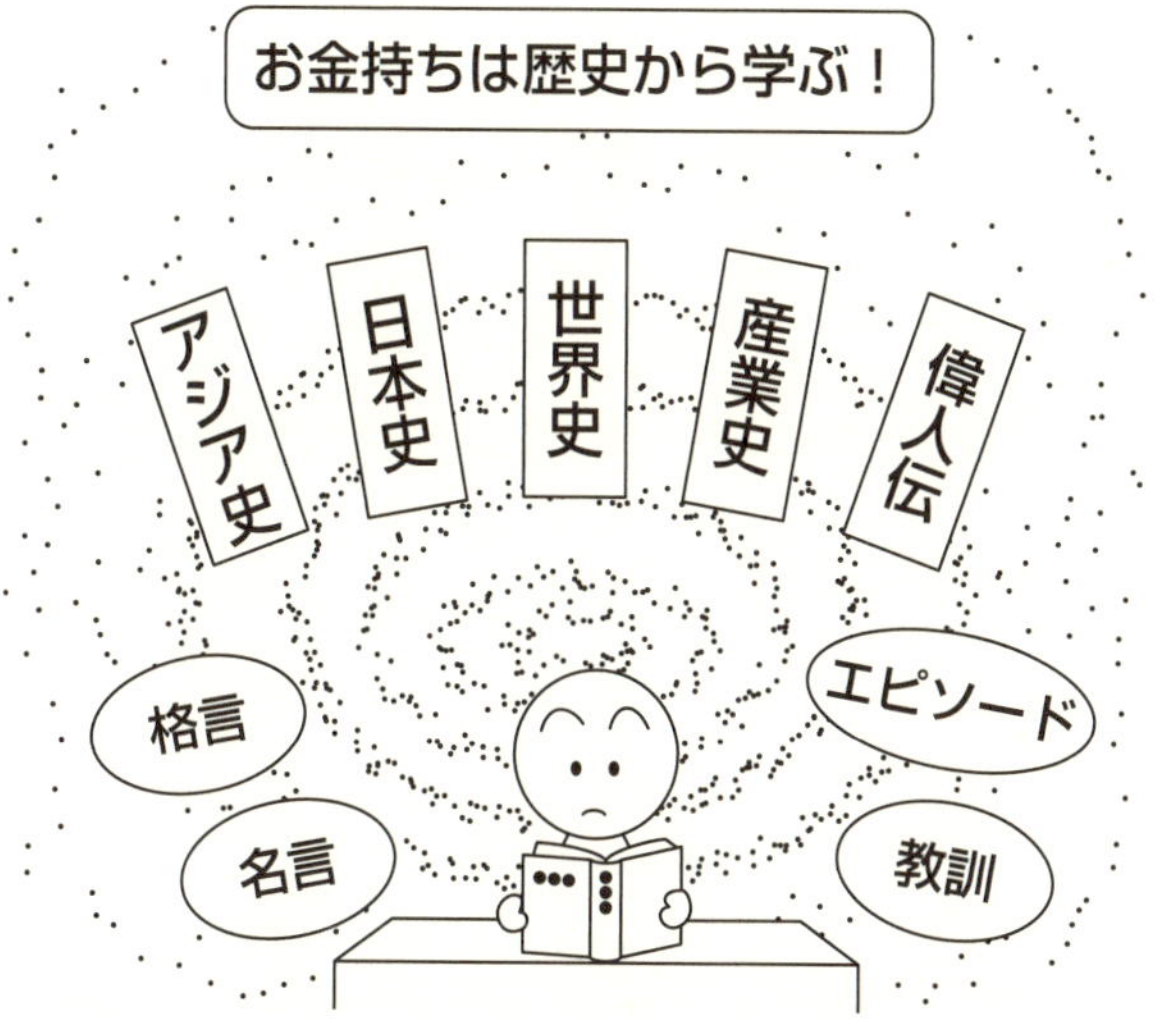


対策に奔走したりします。

しかし、歴史の教訓からすれば、このように「守り」に入った段階で衰亡が始まっているともいえるでしょう。

**小池百合子東京都知事の愛読書として紹介された『失敗の本質――日本軍の組織論的研究』（中公文庫、戸部良一他著）という太平洋戦争の軍事作戦の失敗の歴史を扱った書籍も、今、お金持ちの間でものすごく読まれています。**

ノモンハン事件やミッドウェー海戦、インパール作戦などの太平洋戦争での失敗の要因が分析されており、陸軍と海軍の情報共有が為されず官僚主義がはびこり、大局観のないままに根拠なき楽観主義に陥り、戦力の逐次《ちくじ》投入といった、今日では絶対やってはいけない事例がオンパレードで紹介されています。

日本は追いつめられると、戦略的思考ができなくなる——と喝破《かっぱ》されており、これは日頃からの鍛錬で、私たち個人も心しておくに越したことはないでしょう。

歴史から教訓を得る習慣を、お金持ちになるほど身に着けているといえます。

## ❖お金持ちは「格言」や「名言」も大事にする

お金持ちが「歴史」と相まって好きなのは、「格言」「名言」の類です。
お金に関する名言で有名なものには、次のような言葉があります。

**財布が軽ければ、心は重い——。**

ゲーテ（1749～1832年・ドイツの文豪）

**若い時、自分は人生で最も大切なものは金だと思っていた。今、歳をとってみると、まったくその通りだとわかった――。**

オスカー・ワイルド（1854～1900年・英国の劇作家・詩人）

**本当に大切な自由はただひとつ、それは「経済的自由」だ――。**

サマセット・モーム（1874～1965年・英国の小説家・劇作家）

日本の林学に大きな功績を残した本多静六博士をご存知でしょうか。貧苦の中でも学問を志し、収入の4分の1貯蓄と分散投資で莫大な資産を築いた東大教授です。死後には財産すべてを公教育に寄付したことでも知られます。氏は「貧乏はハシカと同じ。かかるなら早いうちがよい。貧乏な家に生まれたら喜ぶべし」と言い残しました。

column 4

## お金持ちになっていないと老後はどうなるのか？

高齢者の定義を65歳から75歳にといった話題や、「下流老人」「老後地獄」といった言葉を日常的に聞きます。日本人の長寿命化と少子化での人口構造の歪みによって、年金受給開始年齢の繰り延べや支給額の減額も焦眉の急といわれる時代になっているのです。

1960年当時の日本人の平均寿命は、男性65歳、女性70歳でした。当時のサラリーマンの定年は55歳ですから、定年後10年もすると、男性の半分は死んでいたことになり、年金を受給する期間も短かったのです。

2015年の平均寿命は、男性81歳・女性87歳です。

90歳時点の生存率でも男性24%・女性48%、95歳時点の生存率でも男性9%・女性24%です。女性の4人に1人は生存していることになります。100歳でも男性2%・女性7%です。昔と比べ、猛烈に長生きになったのです。

すでに日本人の27.3%が65歳以上で、2045年頃には40%を超えると推計されます。国民の半分近くが65歳以上になるのです。しかし、平均健康寿命（自立して過ごせる期間）は、男性71歳、女性76歳です。この時点で半数の人が介護が必要になるか、病気で生活に支障が出てきます。ピンピンコロリと死ねるわけではないのです。年金は2015年時点で135兆円の積立余剰金がありましたが、毎年7兆円近く取り崩されて減っており、投資で損失が膨らむ不安もあり、あと10数年で枯渇が懸念されます。財政赤字で税金投入もままならないはずです。となると、2015年時点での無職の夫婦2人世帯の厚生年金平均受給額（妻が専業主婦だった場合）は19万円ですが、これも大幅に減らされます。家計調査によれば、無職の高齢者夫婦2人世帯の最低限の生活には月額約27万円が必要なので、すでに毎月8万円（年間96万円）が不足しています。20年間で1920万円不足、30年で2880万円の不足です。夫婦の一方が介護施設に入っただけで、都内で月額30万円前後、地方で15万円かかります（入所一時金なしの場合）。お金持ちにならないと、老後地獄に陥る可能性が格段に高くなるわけです。

第5章

# お金が自然に集まる「口癖」「持ち物」の秘密

## 「そうなんだ！」はお金持ちの口癖

お金持ちの口癖で多いものに「そうなんだ！」があります。

相手の話を聞いている最中に、「そうなんだ！」というセリフがよく飛び出すのです。

「へーそうですか」「ふーん」「なるほどね」といった相槌を打つ人はよくいますが、「そうなんだ！」という人は珍しい存在です。

**はじめて聞いて驚いた、真理を飲み込めた、物事の道理を察した——とでもいわんばかりの驚きと感嘆が相手にストレートに伝わります。**

「そうなんだ！」は相槌でありながら、聞き手自身の感動の声だからです。

あなたが何かの話をしている時、もしも相手から「そうなんだ！」と言われたらどんな気持ちになるでしょう。

**「話してよかった」「何だか嬉しい」「張り合いがある」「もっと話したい」。**

こう思うのではないでしょうか。**「そうなんだ」の一言を聞くと、話し手の気持ちは一気にフィーバーしてしまうのです。**〝魔法の相槌〟といえるでしょう。

お金持ちには「聞き上手」が多いことを先にお伝えしましたが、聞き上手だからこそ「そうなんだ！」が口癖になっているともいえるでしょう。

「そうなんだ！」と一言発すると、これに続く言葉は賛辞になります。

「よくご存知ですねえ」「いやあ、いいこと聞いたなー」「ありがたい、すごく勉強になります」などです。嬉しさが相手への何よりの「ほめ言葉」になるわけです。

## ❖口癖しだいで、金運は開ける！

お金持ちの中には、自分の口癖が「そうなんだ」ということに気づいていない人も少なくありません。他人から指摘されてはじめて、「えっ？　そうなんだ！　あれ、ほんとだ、すぐに口をついて出てきている」などと驚くわけです。

しかし、この口癖は悪い口癖ではありません。むしろよい口癖なので、積極的に使ったほうが話し手を喜ばせ、あなたの好印象にもつながることでしょう。

著者は、ビジネス心理の研究で多くのビジネスマンに会い、リサーチや聞き取りに時間を使いますが、無意識に「よくない口癖」を使う人は少なくありません。

**※「やっぱ」「やっぱり」…自分の知見や判断優位の言い方で悪印象を残す。**

**※「悪いようにはしないからさ」…何か企んでいるような怪しい印象を残す。**

**※「一般的には」「常識的には」…主張を押しつけたい意図が見え、悪印象を残す。**

お金持ちの人たちは、こんなフレーズを使ったりしないのです。

もっとストレートに自分を表現する言い回しに気を遣います。これらの口癖をこれまで何気なく使っていた人は、もっと言葉に敏感になることが必要でしょう。知

## お金持ちは「そうなんだ！」で心に響く会話をする！

### ★自分の話に価値を見出されると嬉しい！

らないうちに相手を不快にしたり、あなたの評価を落としめるからです。

**お金持ちは、話し言葉の一語一語の重みをよく知っています。**

ただ相槌するだけでも、何気なく口にする口癖でも、その「一言」が致命傷になることがあるからです。これまで積み重ねてきたものを一瞬にして失うことがあると経験則で学んできています。だからこそ、お金持ちには「そうなんだ」を愛用している人が、意外に多いわけです。

「そうなんだ」を意識的に使うことが、お金持ちになる第一歩ともいえます。

## 「触り心地がいいモノ」が持つ意外な効果

お金持ちと呼ばれる人たちと話していて、ふと気づいたことがあります。

それは、会話の最中にやたらと自分の髪を触ったり、おでこに手をあてたり、首のうしろを揉んでみたり、指で唇を触ったり、腕組みをしたり……と、自分で自分の身体にふれることが多いのです。もちろん、これらの行動は誰にでも見られるものですが、特にお金持ちの人たちに、こんな仕草が多いように感じるのです。

**心理学では、自分の身体を触る仕草は基本的にすべて「自己親密行動」といいます。これは自分の心を落ち着かせ、なだめ、安心させるための仕草と解釈されます。**

それぞれの仕草にはさらに細かい心理解釈もありますが、概ねそういう仕草や動作には、何らかのストレス緩和や解消の意味があるわけです。

お金持ちはストレス過多なのでしょうか。無意識のうちに何気ない所作で、自分の心をなだめたり、癒したりしていることが多いところは気になります。

また、**著者がお会いしてきたお金持ちの人たちには、洋服でも、下着でも、靴下や靴でも、直接肌にふれるモノを選ぶ際、手で触った「感触そのもの」に非常にこだわる——敏感な人が多いとも感じているのです。**

「触り心地のいいモノは、それ自体が、自分への最大の癒しになるからですよ」と、語ってくれたのは、都内で美容院を7店舗経営するお金持ちのオーナーでした。

快適な触り心地のペン、すべすべした感触が味わえるカバン、さわやかな気分にさせるネクタイ地、深い光沢と柔らかなフィット感のあるスーツ……。こうした身の回りのモノに、「触り心地のよさ」を追及することが重要と言います。

ちょっとした小物でも、ザラザラ、ぬめぬめ、ゴツゴツ、チクチクしているモノは選びたくないのです。こうした不快な感触と無縁であるほど、日々のストレスが、大きく緩和されることを知っているからなのでしょう。

## ❖お金持ちは、自分のストレスとうまくつき合える

お金持ちになることは、ストレスがたまることでもあるでしょう。投資をするにしろ、事業を起こして経営するにしろ、成功を味わい続けるためには、日々の精進《しょうじん》が欠かせません。

簡単なミスでも、命取りということがあるからです。

毎日、緊張感をともなった「選択」を続けていくことは、なかなか大変です。どんなに好きな仕事でも責任や背負うものが大きければ、少なからずストレスも増えてしまうからです。

しかし、それでもお金持ちにはストレスがたまって鬱々《うつうつ》としている人や、ストレスに追いつめられている人はほとんど見受けられません。

皆さん、いきいきと仕事と人生を楽しんでいるような人ばかりです。

**もともとストレスに強かったり、ストレスとのつき合い方が上手だからこそ、お**

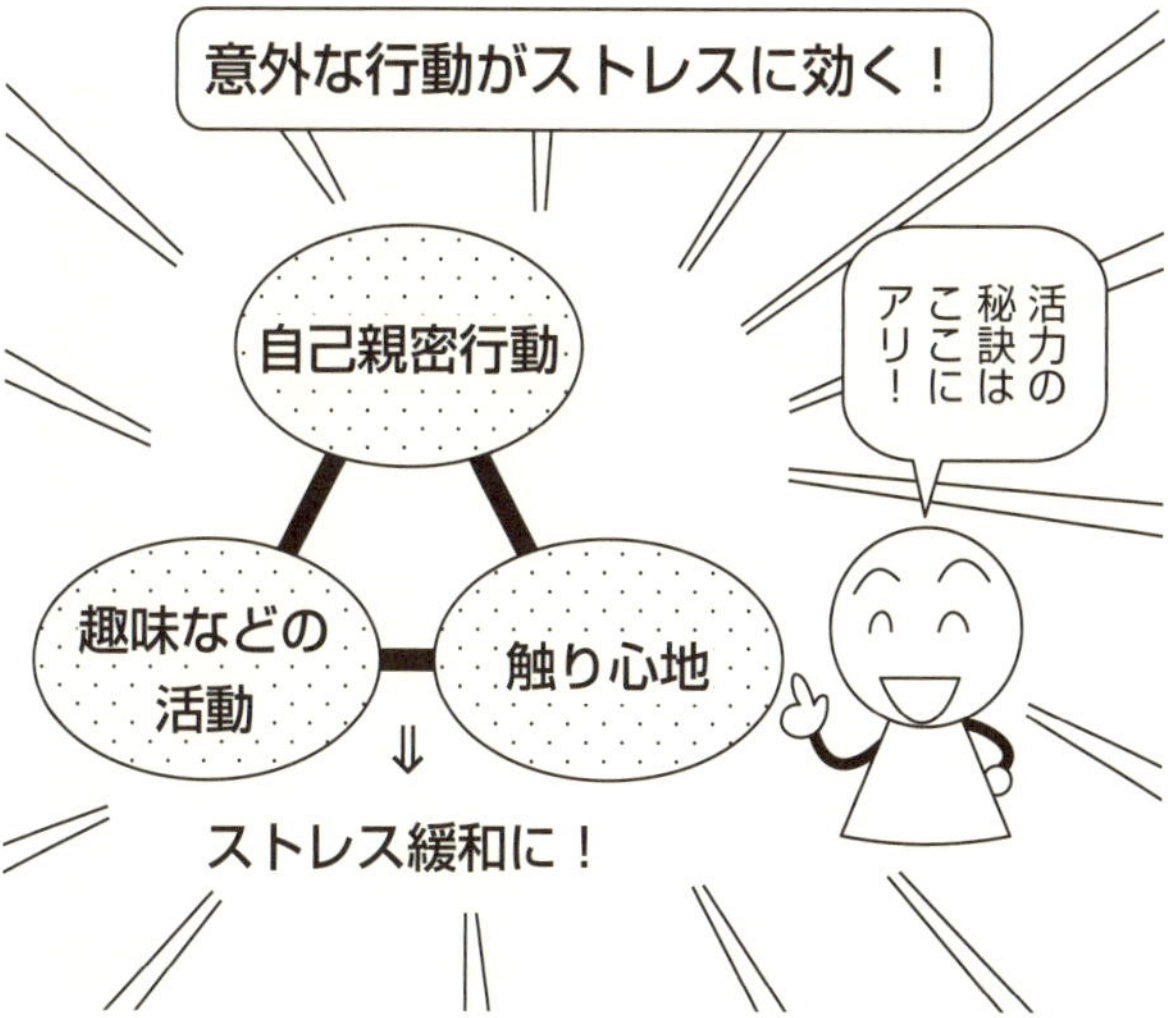


**金持ちになれたという人も多いのです。**

多くのお金持ちは、ジョギングやランニングをはじめ、自ら珍しい料理にチャレンジしたり、友人との交流など、ストレス発散の方法をしっかり持っているのです。

その中の「効果的なストレス解消法」として、先にふれた自己親密行動や、触り心地にこだわるモノ選びもあったというわけです。

**自分なりのストレス解消のコツをつかんでおくことが、成功に欠かせないといえます。**ストレス発散法にこだわってみるのも、お金持ち体質に寄与するでしょう。

## 「なるほど」を連呼する人は、お金に嫌われる

他人の話を聞く時には、うなづいたり、相槌を打ちます。黙って無反応で聞いていたのでは話し手も張り合いがなくなりますから、これは聞き手のマナーといえるでしょう。

ただし、相槌は打ってさえいれば何でもよいというわけではありません。「あーそう」「へー」「ふーん」「ほうほう」と気のない反応で話の続きを促し、いかにも上の空で聞き流すのは、当然ながら失礼です。

こういう感じの悪い人には、話し手も真面目に話す気がなくなってしまいます。

お金持ちは、けっしてこのような印象を他人に与えたくない——と思っています。

たとえ相手の話が退屈でつまらなくても、興味深い態度を示して少しでも相手に

気分よく話させ、実り豊かな会話の時間にしたいと願うからです。

**実は、そのためにお金持ちが心ひそかに実践しているのが、「なるほど」という相槌を使わないようにすることなのです。**

「なるほど」という相槌は、相手に共感を示すのに便利な言葉のため、つい口をついて出てきてしまいます。「なるほど」という言葉は、意識しないと本当に使いすぎる言葉になっているわけです。

## ❖お金持ちは相槌で、チャンスをつかむ

「なるほど」という言葉をつい多用してしまう人は少なくないはずです。

相手の話を聞きながら、「なるほど」「なるほど」とうなづいている人が多いのではないでしょうか。

**「なるほど」という言葉には、一言で「私はもう納得しました」と相手に伝える効果があります。**それだけに、相手の話を聞いていることは伝わるのですが、その話

**自体を完結させてしまうことも少なくないのです。**つまり、「なるほど」という言葉には「もうわかった」の意があり、話の広がりを生み出す力がないのです。

**「なるほど」を禁じ手にすると、聞き上手な人間により早く近づけます。**

「なるほど」の代わりに、すでに紹介した「そうなんだ！」を多くするのです。

「そうなんだ！」と一声発すると、そのあとには自然に感情表現の言葉が口をついて出やすくなるからです。

「そうなんだ！　そりゃあ、楽しみですね」

「そうなんだ！　うらやましいなー、私にもできますかね？」

聞き手がどんな心境になったかが、たちまち話し手にも伝わることでしょう。

話し手は、聞き手が喜んだことに気をよくし、もっと自分の話を聞かせたいとも思うのです。話し手の心を一瞬で弾ませられる「魔法の相槌」といえるのです。

これまでに何度もお伝えしましたが、**一見どうでもよい話の中にチャンスやヒントが転がっています。**相手がよい気分で話を続けてくれるほど、自分にとって有益

## 「なるほど」を封印するとチャンスが増える！

── ダメな例 ──

**★「なるほど」と言うと「わかった！」「納得した！」で話が完結してしまう**

な情報を引き出すこともできるわけです。

「なるほど」で話を終了させずに「そうなんだ！」で会話に広がりを生むことが、重要なことだとお金持ちの多くは知っているのでしょう。

もちろん、すべての話に対して「そうなんだ！」と連発するのは禁物です。

また、目上の人に「そうなんだ！」と言うのもタメグチになるので失礼です。

相手の話を盛り上げたいという、ここぞの場面で「そうなんだ！」を使うことで、一気に親しくなれます。

## 強い色がお金を呼び込む

日本には、「わび・さび」の伝統があります。

質素で静かなるものの美意識――とでも表現すればよいのでしょうか。

豪奢《ごうしゃ》なものや、きらびやかさとは対極にあるものに美を見出す伝統的な精神を、日本人は持っています。外国人にはなかなか理解が難しい概念とされ、「なぜ朽ち果てたような古びた風情に美が見出せるのか？」と首を傾げることもあるようです。

**お金持ちにも、わび・さびを理解する人は多くいますが、その美意識を服装や持ち物などで、自分の身の回りに体現しようという人はまずいません。**

その理由は、「元気がなくなるから」の一語に象徴されます。

わび・さびは、パワーカラーとは無縁だからというのです。

実は、「色彩心理学」の見地からすると、これは大変納得のいく答えになります。**わび・さびを象徴する淡い色合いや、くすんだ発色からは、「伝統」や「質素」は感じられますが、「元気」や「活力」「強さ」は感じられないことが多いからです。**

色と人との関係を心理学的に解明した色彩心理学によると、色が人に与えるイメージには、ざっと次のようなものがあります。

**※赤……興奮・情熱・歓喜・怒り・炎・太陽　※青……鎮静・清潔・爽快・空**
**※黄……注意・明朗・愉快・幼児性　※茶……安定・リラックス・地味・頑固**
**※黒……重厚・不屈・厳格・格調・風格　※白……純潔・純真・開放・雪・雲**

## ❖色しだいで、印象はガラリと変わる

お金持ちは重要な商談に臨んだり、人前で話すことも多いので、常に自分がどう見られているかを意識しています。その結果、意識的、または無意識的に場面に応

じて「強い色」をパワーカラーとして身に着けているのです。

ここぞという商談の時には、黒いスーツでビシッと決め、威厳や不屈の精神を演出します。

また、初対面の相手から信頼を得たい時には、清潔感があり、相手の気持ちを鎮静させるような青い洋服を身に着けるといいます。

**たかが色と思うかもしれませんが、その効果は計り知れません。商談の時に、必ず「黒いスーツ」を着ることにした著者の知人は、黒いスーツを着てから商談が非常にうまくまとまるようになった――と話してくれました。**

私たちの周りには、色彩の持つ力を最大限引き出した制服やユニフォームが多々あります。たとえば、警察官、警備員、ガードマンの制服は、厳粛さを感じさせる黒系統が一般的です。また、競技用ユニフォームは、黒色をベースにすると、威厳やたくましさをアピールして相手チームへの威嚇《いかく》効果が高まることが知られ、赤色を多く取り入れると躍動的・情熱的に見えることが知られています。

お金持ちはパワーカラーの影響力を知っている！

★「ここぞ！」の場面で影響力が甚大に！

アメリカの心理学の実験には、ウエイトレスやウエイターに、何色のTシャツを着せて接客させると最も多くのチップがもらえたかという有名なものがあります。

ご存知の方も多いでしょうが、赤色のTシャツが正解です。赤色をベースに取り入れた服装を着ると、それだけでセクシーで魅力的に見えるという他の写真判定の実験結果とも符合しています。

**色の持つ心理効果をできるだけ取り入れて「強い自分」を演出し、チャンスを確実にモノにすることも、お金持ちへの大切な行動といえるのです。**

# 手荷物が少ないほど、経済的に自由になる

出かける時に、どこに行くにも大きなカバンを持っている人がいます。

中を見せてもらうと、仕事道具や化粧ポーチ、ペンケースやタブレット端末、クリアファイルに入った書類の他に折り畳み傘、読みかけの単行本や雑誌類、飲みかけのペットボトル、ウエットティッシュ、クスリケース、仮眠用アイマスク……など、仕事の打ち合わせに必要でないモノも沢山入っているのです。

さらに、ちょっとした衣類、爪切りや耳かきといった小物類まで装備して、1時間程度の打ち合わせに赴《おもむ》く人もいるほどです。

こういう人は、どんな時でも大きなカバンを重そうにぶら下げてきて、席に着く時にはどっしりとしたカバンを足元に置きます。まるで、ペットの動物を足元に座

らせているかのようにも見えてしまいます。

**お金持ちの人で、このように「荷物が無駄に多い人」はほとんどいないでしょう。**

むしろ、こういう人には近づかないようにしたいとさえ思っているはずです。

貧乏くさいからです。

**常に大きなカバンを持っていないと不安になる人は、何かのこだわりが強い人、優柔不断の人、また過度に心配性な人に多くいます。**

こだわりが強すぎたり、決めるべき時に決断できなかったり、心配性すぎるといった特質は、一緒に仕事をするうえではマイナスにはたらきます。

それがわかっているからこそ、お金持ちはこうした人たちを敬遠するのです。

また、いつも大きなカバンとともに行動しないと不安だという人は、不要なモノと必要なモノとを区別し、「選べない脳」に陥っている可能性があります。ビジネスは、どこに注力すべきか、何を選ぶかの「区別」と「選択」の連続です。**自分のカバンの中身も区別、選択できない人に、仕事で活躍するイメージはなかなか湧い**

てこないはずなのです。

## ❖「手ぶら」ぐらいがちょうどいい

お金持ちはいつも、ほとんど荷物を持っていません。〝手ぶら〟で出かける人も少なくないのです。それは、シンプルで身軽なスタイルが一番だと考えているからです。

タブレットでさえ重くて邪魔なので、スマホ1つがあれば十分と思っています。

これにアナログの薄い手帳があれば、行動スタイルは完了なのです。

お金持ちは、常に身辺を身軽にしておくことが要《かなめ》と考えています。

いつでもすぐに動けるようにスタンバイしているのです。

それゆえ急な仕事が入っても、ひとつ返事で行動に移せます。

荷物が少ないのは、必要なモノだけを持って出かけられるということです。

**物理的に身軽であることにとどまらず、「その時の自分に何が必要か」をしっかり掌握しているわけです。**

荷物の大小で差がついている！

「自分は今、何に集中すべきか」と考える練習が、日々持ち物を選ぶという行為を通じて行われているともいえるでしょう。

つまり、荷物が少ない人は即断即決ができる人、大胆かつ冷静な決断も下せる人といえるのです。

重い大きなカバンは、「不幸」を呼び寄せ、「運」を捨てていると考えるべきです。

身軽で自由に行動できる人こそが、お金持ちになる近道を歩んでいるのです。

「持たなくてもいい重い荷物を、誰に頼まれもしないのに、一生懸命ぶら下げていないか」――思想家・中村天風の言葉です。

## 金持ち思考につながる「なぜだろう？」の口癖

ＮＬＰをご存知でしょうか。米国で近年開発された「神経言語プログラミング」の略称で、実践心理学と言語学を融合させた新しい人間関係洞察法のことです。

**人は悩みを抱えると、考えた末に「○○が問題」という結論に辿り着きます。つまり、問題となっている事柄を名詞一言で表すことで、非常にシンプルな答えに行きつかせるのです。**ＮＬＰでは、これを「名詞化」と呼んでおり、この作用で問題点が簡潔になったように見えて、実は問題の本質がかえって見えにくくなるという現象が起きるとしています。「名詞化」によって、誰が何に対して、何をどう行ったか、といった動詞的要素や具体的なプロセスが抜け落ちてしまうからです。

物事を考えたり、誰かにそれを説明するうえで「省略」が為されるために、このようなことが生じます。こうした問題解決の手法としてＮＬＰでは、名詞化した言葉を具体的な言葉に戻す作業を重視しています。

**「具体的にはどういうことだろう?」「なぜこうなるのだろう」と、問題を突きつめていくことで、個別的事例が整理され、本質的な問題が浮き彫りにされるからです。実は、お金持ちたちは早いうちからこうしたことを習慣化しています。**

お金持ちになる過程で、その思考方法が極めて有効だと確信したからでしょう。

たとえば、何か問題が起きた時に「段取りが悪かった」という大雑把なとらえ方だけでは、「スケジュールに問題があった」のか、「人手不足だった」のか、「調査が不十分だった」のか、「予算不足だった」のか、といった事情が不明瞭です。

タイムスケジュールに問題があるなら、その原因はどこにあるのかといった形でテーマを掘り下げていく他ありません。その時、**「なぜこうなった?」「具体的にはどうすれば?」という問いかけが非常に強力な問題溶解の武器になるわけです。**

## ❖お金持ちは「なぜ?」をひとりでも口走る

特に「なぜ?」という問いかけは重要です。

**「なぜだろう?」「どうしてだろう?」と、問題を突きつめるからこそ、物事の本質や核心に迫れます。**

**お金を蓄えるうえでも、お金を転がしていくうえでも、お金の収益率を上げるうえでも、こうした本質をつかむ手法は有効でしょう。**

お金持ちは、物事の本質や核心を常に追い求める習慣があるため、成功者やメンターに「どうしてでしょうか?」とすぐにその場で問いかけます。

また、本を読む時でも「なぜ?」などとひとりで口走り、本質に迫る姿勢を崩さずに読書をしています。お金持ちの「それはなぜですか?」といった問いかけは、ひたすら生徒の立場から、答えを知る先生への純粋な質問として発するものです。

愚か者は教えたがり、利口は学びたがるという格言の実践者になっています。

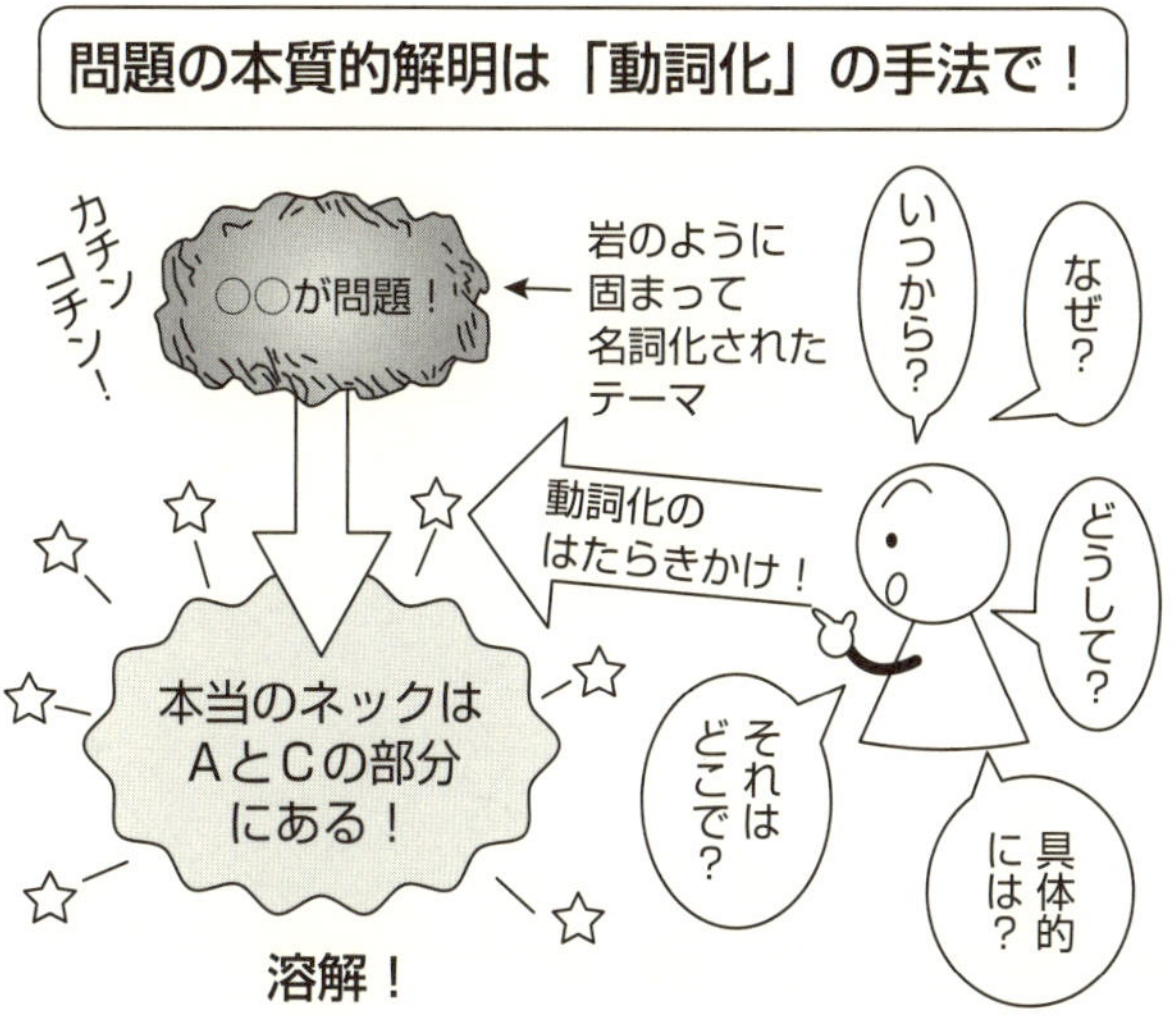


ただし、「なぜですか？」と人に問いかける時には注意が必要です。

人は「なぜ？」という質問を突然されると、相手から責め立てられ、答えを強要されるように感じる場合もあります。質問は、反射神経を直撃するからです。相手に脅威を感じさせずに、安心して答えてもらわなければいけません。

そのために、ＮＬＰでは、「なぜ？」の代わりに「具体的には？」などという言葉で相手に質問することも推奨しています。

質問は慎重な言葉選びが要だからです。

## お金持ちは、サイフの「形」と「扱い」にこだわる

お金持ちは、サイフに気を遣っています。デザインや形に気を遣うのはもちろん、サイフの扱いにも配慮があるのです。

**お金持ちは、サイフをただのお金を入れるための道具――とは思いません。サイフは大事なお金を入れる「器」だと考えているのです。**

不動産業で成功したあるお金持ちに話を聞いたところ、いかにも不動産業らしく「サイフはお札にとっての住居です」という話を聞かせてくれました。

「お札を人間だとすると、サイフは家にたとえられます。サイフという家に入ってくるお金には、最適な住環境を提供してあげたいと思うのです。自分のサイフに快適に長くとどまってほしい。そんな願いを込めて、サイフを大切に扱いたいのです」

この方は、**お金の出し入れがスムーズという理由から、薄革の長財布を使い、上着の胸元の内ポケットに大切にしまっていました。**

2つ折りのサイフだとお札に折り癖がつき、出し入れの時に他のお札まで一緒に飛び出すことがあって長財布が重宝と言います。また、2つ折りのサイフは、お札の収納に限界があり、自然と長財布を愛用するようになったとも語っています。

また、**お金持ちの人でお尻のポケットにサイフを入れる人は、まず見かけません。**

お尻のポケットにサイフをしまうと、椅子に座った時にお金をお尻の下に敷くことになります。お金持ちはお金も擬人化し、お尻の下に敷かれればお金も息苦しくなり、サイフから出ていきたくなる――と考えるのです。

## ❖サイフに込めた愛情がお金を太らせる！

**お金持ちはサイフの中もキレイにしています。**お札ごとに上下を並び揃え、表向きに整列させてサイフにしまうのです。お金に優しい配慮をしています。

逆に、お金持ちでない人は、お札と一緒にレシートやポイントカード、割引券などを無造作に入れています。お金でないものが、お金と同じ場所に乱雑に同居しているのです。サイフがゴミ箱のような状態であると、お金はサイフから出ていきたくなるはずです。また、お金持ちはサイフの状態にも常に目配りしています。

縫製にほつれがないか、傷がないかなど、細かくメンテナンスするからこそ、お金は居心地がよくなり、逃げていかなくなるのです。

**こうしてお金とサイフを大事に扱うことが、結果として「自己管理」にもつながります。**サイフにキレイにお札が並んでいれば、自分の使えるお金がしっかり把握できるでしょう。自分のお金をスマートに管理していればこそ、ここぞという場面で有効にお金を使うチャンスもモノにできるのです。

さらに、**キレイなサイフは「デキる自分の演出」にもつながります。**

人は何によって相手の印象を決めるのかを説いた**「メラビアンの法則」**では、「外見や仕草」の視覚情報は55％、「声の質や口調」の聴覚情報は38％、「話した言

**キレイなサイフで「デキる自分」の演出！**

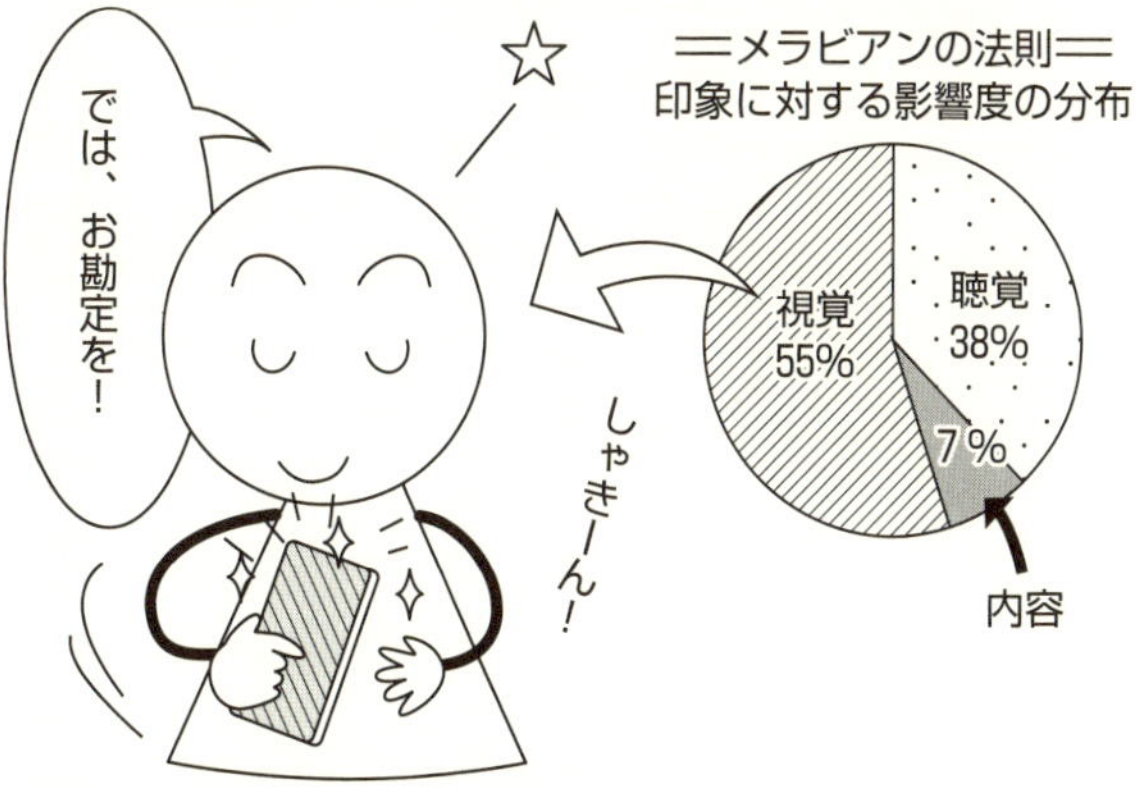


**※胸元からキレイな長財布がスマートに出る！**

葉やその内容」の言語情報はたったの７％です。人の印象を形成するのは「見た目」が５割強なのです。

サイフを取り出した瞬間、お札が折れ曲がっていたり、レシート類がガサガサ状態なのを目撃すると、その人のすべてが見通せたようにさえ感じられるものです。

見てはいけないものを見てしまった――という気にさせられたのでは相手は困ってしまうでしょう。サイフを大切にする人こそが「お金持ちグセ」を身に着けているのです。

## 殺風景で乱雑なお金持ちのデスク

職場で働く人たちのデスクの上を見渡すと、その机の持ち主の人格がわかるという心理学の知見があります。「デスク心理学」とでも銘打つとよいかもしれません。

**机の上は、性格や性癖が顕著に現れる空間です。**他人の机の上の状況を見たうえで、その人物の性格やタイプに思いを馳せてみると、なるほどと合点がいくところが多々あるはずです。お金持ちになれる人か、あるいは一生お金に悩む生活を続ける人かも、机の上の状況である程度わかってしまいます。とりわけ、**ビジネスマンの場合、机の上が乱雑な人ほど金銭コントロールができない人と見込めます。**

こういう人と結婚した場合は、お金のことで常にもめることになります。計画性がなく、自己管理能力も低いというのが一番の理由だからです。

まずもって、机の上にさまざまなモノが乱雑に置かれている人は、机の上にあるモノが本当に必要なモノか、大して必要でないモノか、まったく必要でないモノかの区別がつけられません。

これは日常生活でも同様でしょう。無駄なモノを衝動買いしたり、まだ使えるモノでも捨ててしまったりする人です。ゆえに**机の上だけでなく、机の引き出しの中までが乱雑状態の人は、一生お金と縁のない生活を送るはずです。**

**一方で、机の上が整理整頓されて机の中までキレイな人は、倹約家で計画性もある人です。**ただ、非常に小心なところのある人ですから、仕事でも投資でも、小さくまとまってしまうところがマイナス点になります。

**一番、お金持ちになる確率が高い人は、机の上はキレイに整理整頓されていて、机の中は大雑把な様子の人です。**こういう人は計画性や自己管理能力もあり、そのうえ陽気でポジティブ思考ですから、ここぞというチャンスを見極めると大胆に行動し、お金を増やすことができるでしょう。

お金持ちになりたい人には、机の中は少々乱雑でもよいので、まずは机の上をキレイに整え、見栄えをよくする自己管理能力を身に着けることを、お勧めしたいのです。

## ❖何もない空間が、お金を生む！

お金持ちになった人の個人事務所などで机の上を見せてもらうと、非常に殺風景なことに驚かされます。何も置いていないという人も少なくありません。

**机の上に何も置いていないと、自由な思考習慣が保てるというのがその理由でした。**机の上に不要なモノがあると、つい、そちらに思考が傾いてしまうので、机の上には必要なモノしか置かない、さらには、机の上だけでなく部屋全体も殺風景にしている……という人がお金持ちには多く見受けられるのです。

観葉植物の鉢植えなど、本当に自分の心を癒してくれるモノだけを厳選して部屋に置き、思考を邪魔する雑念の元になるモノを一切排除することで、真剣に物事を

「デスク心理学」に見る「お金持ち度」

| | お金持ち度◎ | お金持ち度○ | お金持ち度× |
|---|---|---|---|
| 机の上 | キレイ | キレイ | 乱雑 |
| 机の中 | やや乱雑 | キレイに整理 | 乱雑 |
| ↓ | お金持ちになる可能性！ | まあまあの小金持ちに！ | 一生貧乏の可能性大！ |

考えられる空間を自分に用意できます。

**もともとお金持ちの中には、モノを所有することに興味を持たない人も多くいます。**

本当に大事なモノだけにお金をかけ、所有するより他人とシェアしたり、既存のモノをうまく使うほうが効率も費用対効果もよいと思うからでしょう。

近年すっかり知られるようになった「ミニマリズム」や、「アイドルエコノミー（空いている時間・スペース、モノを利用する経済活動）」の考え方をはるか昔から先取りしていたのが、本物のお金持ちだったのかもしれないわけです。

## おわりに――今、あなたには、お金のほうから近づいてくれています！

いつのまにか、「お金持ち感覚」になっていただけたことでしょう。

あなたの潜在意識に、すでにさまざまな発見が刻まれているからです。

あとは、心がけしだいです。

あなたは、お金持ちになった気分で本書の「気づき」を実践するだけです。

もう二度と「お金持ちになりたい」などと思わないでください。

あなたは今、どんどんお金持ちになっているからです。

現在進行形なのです。

かつてのように、「そう簡単にはお金持ちになれないだろう」などと、ひそかに抱いていた邪念を消しされば、あとは明るい未来が広がるばかりです。

冒頭で、お金持ちになるのに出生や学歴、ＩＱなどは関係ないことをお伝えしましたが、お金持ちになるのに特別な才能もいらないのです。

**自分の好きなことに向けて自分を解放する――。**

**一代でお金持ちになった人の考え方、習慣や行動に自分を合わせる――。**

たったこれだけのことで、お金持ちになっていけるのです。

二度と邪念が浮かばないように、これを確信することです。

自分は今、どんどんお金持ちになっている――。

かけがえのない自分だけの新しい人生を歩んでいる――。

自信を持ってください。自信に根拠はいらないのです。

素敵なあなたに、今はお金のほうから集まり始めているからです。

著者

青春新書
PLAYBOOKS

人生を自由自在に活動《プレイ》する

## 人生の活動源として

いま要求される新しい気運は、最も現実的な生々しい時代に吐息する大衆の活力と活動源である。

文明はすべてを合理化し、自主的精神はますます衰退に瀕し、自由は奪われようとしている今日、プレイブックスに課せられた役割と必要は広く新鮮な願いとなろう。

いわゆる知識人にもとめる書物は数多く窺うまでもない。

本刊行は、在来の観念類型を打破し、謂わば現代生活の機能に即する潤滑油として、逞しい生命を吹込もうとするものである。

われわれの現状は、埃りと騒音に紛れ、雑踏に苛まれ、あくせく追われる仕事に、日々の不安は健全な精神生活を妨げる圧迫感となり、まさに現実はストレス症状を呈している。

プレイブックスは、それらすべてのうっ積を吹きとばし、自由闊達な活動力を培養し、勇気と自信を生みだす最も楽しいシリーズたらんことを、われわれは鋭意貫かんとするものである。

―創始者のことば― 小澤和一

著者紹介
神岡真司〈かみおか しんじ〉
ビジネス心理研究家。日本心理パワー研究所主宰。
最新の心理学理論をベースにしたビジネススキル向上指導に定評があり、法人対象のモチベーションセミナー、コミュニケーショントレーニング、人事開発コンサルティングなどで活躍している。
『アブない心理学』(小社)、『相手にNOといわせない「空気」のつくり方』(宝島社)、『効きすぎて中毒になる　最強の心理学』(すばる舎)など著書多数。監修に『ヤバい心理学』(日本文芸社)がある。
メールアドレス:kamiokashinzi0225@yahoo.co.jp

**本文デザイン・DTP:キャップス**
**編集協力:新井イッセー事務所**

コワいほど
お金《かね》が集《あつ》まる心理学《しんりがく》

青春新書 PLAYBOOKS

2017年4月1日　第1刷

著者　神《かみ》岡《おか》真《しん》司《じ》

発行者　小澤源太郎

責任編集　株式会社プライム涌光
電話　編集部　03(3203)2850

発行所　東京都新宿区若松町12番1号 〒162-0056　株式会社青春出版社
電話　営業部　03(3207)1916　振替番号　00190-7-98602

印刷・図書印刷　製本・フォーネット社

ISBN978-4-413-21083-6

青春新書 PLAYBOOKS

人生を自由自在に活動する――プレイブックス

## あの「売れ筋食品」には裏がある!

ホームライフ取材班[編]

お客に言えない“おいしい”商品表示のカラクリとは

P-1076

## 真面目《まじめ》がソンにならない心の習慣

植西 聰

「正直者が…」にならない人がしていることとは?
人間関係とセルフイメージが良くなるコミュニケーションのヒント

P-1077

## 病気にならない人は何を食べているのか

森由香子

40代を境に「からだ」も「食の常識」も変わる!

P-1078

## 最新情報版 大学生が狙われる50の危険

㈱三菱総合研究所
全国大学生活協同組合連合会
全国大学生協共済生活協同組合連合会

SNSトラブル、ブラックバイト、ストーカー、大地震…自分は大丈夫!――その心のスキが危ない。学生と親のための安心マニュアル

P-1079

**お願い** ページわりの関係からここでは一部の既刊本しか掲載してありません。折り込みの出版案内もご参考にご覧ください。